POESIAS NUNCA PUBLICADAS DE

Caio Fernando Abreu

POESIAS NUNCA PUBLICADAS DE

Caio Fernando Abreu

ORGANIZAÇÃO

Letícia da Costa Chaplin
Márcia Ivana de Lima e Silva

EDITORA RECORD
RIO DE JANEIRO • SÃO PAULO

2012

Cip-Brasil. Catalogação na fonte
Sindicato Nacional dos Editores de Livros, RJ.

A145p Abreu, Caio Fernando, 1948-1996
Poesias nunca publicadas de Caio Fernando Abreu / Caio Fernando Abreu; organização de Letícia da Costa Chaplin, Márcia Ivana de Lima e Silva. – Rio de Janeiro: Record, 2012.
208p.

ISBN 978-85-01-09814-6

1. Poesia brasileira. I. Letícia da Costa Chaplin. II. Silva, Márcia Ivana de Lima e. III. Título.

CDD 869.91
12-6717 CDU 821.134.3(81)-1

Projeto gráfico: Regina Ferraz

Texto revisado segundo o novo Acordo Ortográfico da Língua Portuguesa.

EDITORA RECORD LTDA.
Rua Argentina, 171 – 20921-380 – Rio de Janeiro, RJ – Tel.: 2585-2000

Impresso no Brasil

ISBN 978-85-01-09814-6

A POESIA NÃO É ADIÁVEL

> "Estou preparando uma surpresa literária para você. Prepare-se. Não posso adiantar muito porque tira a graça."
> *Caio F. em carta a Gerd Hilger*

Cento e dezesseis poemas. Cento e dezesseis poemas inéditos. Cento e dezesseis poemas do, certamente, mais produtivo e criativo contista gaúcho – e talvez brasileiro – das décadas de 1970 a 1990. Contista? Sim e não. Caio Fernando Abreu deixou-nos, além de dezenas de contos, outras tantas peças teatrais, resenhas e artigos para jornais e revistas, romances e uma história infantil. Caio estreou no gênero da narrativa curta com o livro *Inventário do ir-remediável*, em 1970. Em sua trajetória constam, entre outros, dois romances, *Limite branco*, de 1970, e *Onde andará Dulce Veiga?*, de 1990, um livro para crianças, denominado *As frangas*, e ainda duas coletâneas: de crônicas, *Pequenas epifanias*, e de peças para teatro, *Teatro completo*, ambas publicadas postumamente, esta última inclui uma peça infantil.

Caio, desde os tempos em Santiago do Boqueirão, evidenciava as características que viriam a compor a personalidade do escritor: o enfrentamento, a busca de uma identidade, a vivência de experiências à procura de um significado maior na vida. Dono de uma personalidade autêntica e de um temperamento irônico, Caio, por vezes, assumia uma postura extremamente introspectiva, passando dias incomunicável, trancado no quarto – aliás, a imagem do isolamento em seu quarto é recorrente em seus poemas. Trabalhou e escreveu para os principais veículos de imprensa do Brasil, teve inúmeros livros traduzidos e lançados no exterior, que lhe rendiam convites para palestrar e autografar nas principais cidades europeias.

Sua literatura resulta de uma instabilidade e inquietude e, diversas vezes, carrega o emblema da experiência faltante:

sempre parecia faltar algo a Caio, fossem condições financeiras para sobreviver nas grandes cidades do país e do mundo, fosse tempo para cuidar da saúde e dos amigos, fosse alguém para dividir espaços e afetos: "*Il y a toujours quelque chose d'absente qui me tourmente*", diria ele, adotando a frase de Camille Claudel. Tudo isso não permitiu que Caio fixasse residência em lugar algum, por muito tempo. Morou em Porto Alegre, São Paulo, Campinas, Rio de Janeiro e na Europa.

Caio, poeta. Para os leitores de sua produção literária, muito embora desconheçam a existência dos cento e dezesseis poemas aqui reunidos, não é difícil imaginar que Caio tenha se aventurado a escrever poesia. Primeiro porque ele era mesmo plural. Muitos "Caios" viviam no ser humano Caio Fernando Abreu: o escritor, o místico, o jornalista, o dramaturgo, o eterno amante das viagens, o amigo, o filho que retorna a Porto Alegre para decidir viver seus últimos dias como... jardineiro, cuidando, ao lado da família, de rosas, de alamandas, girassóis, petúnias, gladíolos. Enfim, o Caio tímido de uma infância feliz em Santiago do Boqueirão, o Caio enfrentativo de uma juventude de autoafirmação, principalmente, em São Paulo e Rio de Janeiro, e o Caio sereno, de uma maturidade consciente do fugaz, em Porto Alegre.

Mas, então, por que motivo Caio nunca publicou seus poemas? Com exceção de alguns poucos, como "Gesto, prece", publicados no jornal *Cruzeiro do Sul*, de Sorocaba, no final dos anos 1960, e "Oriente" e "Press to open", publicados na década de 1970, no *Suplemento Literário de Minas Gerais*, nunca o escritor gaúcho trouxe a público sua produção poética. Quem sabe, ao feitio de Clarice Lispector, sua escritora favorita, negava publicamente este fazer poético, mas mantinha sua escritura secretamente.* Os manuscritos guardados

* Cf. MOSER, Benjamin. *Clarice, uma biografia*. Tradução de José Geraldo Couto. São Paulo: Cosac Naify, 2009, p. 579.

por ele mesmo comprovam que Caio sempre, desde o início de sua carreira literária, escreveu poesia. Seus primeiros poemas datam de 1968 e os últimos de 1996. Ou seja, durante toda sua trajetória, o Caio Poeta coexistiu ao lado do Caio Prosador e Dramaturgo.

Referindo-se à publicação póstuma de um volume de poesia de Victor Hugo, Eça de Queirós sentenciou que "quanto mais documentos se reúnem sobre um homem de gênio como Hugo, mais completo se torna o trabalho crítico sobre a sua individualidade e sobre a sua obra", acrescentando, ainda, que "para alargar e completar o conhecimento dos grandes homens, publicam-se-lhe as cartas, todos os papéis íntimos – até as contas do alfaiate".*

Para além da ironia queirosiana, nos interessa o argumento de que a publicação dos poemas vem para "alargar e completar o conhecimento" deste "homem de gênio" que foi Caio F. Completar mesmo, pois a descoberta dos poemas deixa claro que ele experimentou todos os gêneros literários. Acresce-se a isso o fato de que os poemas têm imenso valor estético, em total consonância com o restante da obra do escritor.

Interessante para nós é imaginar que, mesmo tendo uma vida eminentemente itinerante, residindo em Porto Alegre, São Paulo, Rio de Janeiro, viajando por quase toda a Europa, mesmo não fixando residência em lugar algum por muito tempo, Caio nunca perdeu de vista seus poemas. A série de poemas, das décadas de 1960 a 1990, foi encontrada relativamente organizada numa pasta, preservada dos imprevistos da rotina de mudanças e viagens. Seu esforço por guardar os manuscritos denota seu desejo, talvez secreto, de compartilhar os caminhos da escritura. Escrever é, essencialmente, um ato individu-

* QUEIRÓS, Eça de. *Cartas de Paris*. Apud REIS, Carlos e MILHEIRO, Maria do Rosário. *A construção da narrativa queirosiana. O espólio de Eça de Queirós*. Maia: Imprensa Nacional; Casa da Moeda, 1989, p. 19.

al, mas, ao revelar os processos de construção, desconstrução e reconstrução do texto literário, o escritor repensa o próprio conceito de escrever, que nasce solitário e adquire nova dimensão ao desvelar-se aos leitores, críticos e pesquisadores.

Em entrevista para a edição do volume 19, de 1995, da série Autores Gaúchos, Caio afirmava: "*Tenho mais influência de poesia do que de prosa e sou mais Drummond, no sentido de uma visão de mundo assim desesperançada.*"* Sua obra está aí para comprovar tal influência, na abundância de citações, de epígrafes, chegando ao conto "Pedras de Calcutá", inspirado no poema "Diário", de Mário Quintana. O lirismo e a musicalidade sempre receberam especial atenção do escritor gaúcho. Mesmo quando se tratava de narrativas, Caio privilegiava a sonoridade, os movimentos, a cadência das palavras. A começar pelas letras de música desde as epígrafes, como se o texto nascesse embalado na fluidez das canções.

E nascia mesmo! A música está sempre presente na poesia de Caio. É uma estratégia de vínculo entre o sujeito-poético e o leitor: quando não há mais nada a se dizer, há uma sugestiva canção a se ouvir. Seja no título de poemas como "Cantiga de hoje à noite" (1969), "Cantiga de amor idiota" (1977), "Cantiga para ninar insones" (1982), "Uma canção provisória" (1982), "Stone Song" (1996) e "Gimme Shelter" (1982), homônimo de badalada música dos Rolling Stones, do ano de 1969; seja nos versos do poema "Poltrona verde" (sem data no manuscrito, mas aparece no romance *Onde andará Dulce Veiga?*, de 1982), com explícita referência às canções "Vapor barato", de Macalé e Duda, "Fumando espero", de Armando Manzanero, e "Pra dizer adeus", de Edu Lobo; seja no poema "Opus 9 nº 2" (1979), que sugere um acompanhamento de piano ao fundo das palavras tão ritmadas e lapidadas.

---

* *Caio Fernando Abreu.* Autores Gaúchos, v. 19. Porto Alegre: Instituto Estadual do Livro, 1995, p. 4.

Caio mesmo declarou em mesa-redonda, na Casa de Rui Barbosa, quando falava do processo criativo em *Onde andará Dulce Veiga?*, em 1990:

> Às vezes quero um capítulo em ritmo de *blues*, ponho Billie Holiday ou Bessie Smith ao fundo; às vezes quero uma coisa tipo *rocky heavy*, então é fazer a leitura com Lou Reed ao fundo, ou Mick Jagger.

Depois a musicalidade era exaustivamente trabalhada. Caio lia os textos em voz alta, gravava sua leitura, fazia a escansão do ritmo e das cadências, até chegar à "frase redonda". Fazia assim com os contos. Fazia assim com os poemas. E o que é a chamada *frase redonda*? Novamente, Caio recorria a aspectos puramente líricos: redonda é a frase sonora, rítmica e musical. Ele ainda dizia mais: redonda é a frase mágica.

No caso específico destes poemas de Caio Fernando, entendemos que, após minucioso trabalho de digitalização dos originais, fixação do texto "final" e análise dos poemas, não havia outro caminho a não ser levar a cabo uma publicação, talvez desejada mas não concretizada, dos versos que o gênio criativo do escritor gaúcho nos legou. Por essa razão, organizamos os poemas de Caio para que fossem, finalmente, publicados.

Para melhor sistematização, organizamos os poemas por décadas: 1960, 1970, 1980 e 1990. Os demais poemas, que restavam sem indicação temporal, foram agrupados como "Sem data". A estratégia cronológica nos permitiu verificar que Caio escreveu poemas durante toda a sua vida. Interessante registrar que sua maior produção poética coincide com sua maior produção narrativa: as décadas de 1970 e 1980.

Caio-poeta foi sendo construído em meio a descobertas pessoais, profissionais e espirituais do *Caio-ele-mesmo*, e entender sua poesia e seus apelos só é possível se contextualizarmos o autor em seu tempo e em sua geração. Sua poesia conjuga a sensibilidade e a dor de um sujeito que procura esperançosamente fora de si aquilo que está dentro. É um homem que quer abraçar todas as carências do mundo em si, tentando viver a difícil escolha de ser ele mesmo. Por isso Caio escreve poemas, para dar voz à dor, como vemos em muitos de seus versos.

Na poesia de Caio, muitas são as modificações e rasuras, dando origem àquilo a que a Crítica Genética denomina de variantes do autor. Inúmeros depoimentos de Caio evidenciam sua preocupação em trabalhar exaustivamente os textos, e isso não é diferente com os poemas. Sobre seu processo de criação, Caio declarou em entrevista ao *Suplemento Literário de Minas Gerais*, em agosto de 1970:

> Geralmente a "coisa" parte de uma frase, de uma imagem qualquer; depois isso cresce, se ramifica, ganha outras conotações e, um dia, explode. Depois é suar em cima do texto primitivo, trabalhando, retirando, ajeitando. Mas absolutamente nada, nenhuma sensação é semelhante à de olhar algum trabalho meu e percebê-lo realizado ou, pelo menos, honesto.*

Deste depoimento, em que Caio procura organizar seu pensamento a respeito dos passos registrados no percurso criativo, percebemos a tentativa – talvez involuntária – de conceituar o processo de elaboração de uma obra. À primeira versão de um texto, Caio dá o nome de TEXTO PRIMITIVO: aquele que surge de um pequeno estímulo e se amplia. Dessa forma é que Caio compreende a criação literária: somente mediante trabalho de leitura e releitura, escritura e reescritura é que um texto se torna uma obra, constituída como tal, acabada.

Quanto à honestidade a que Caio se refere, nada seria mais apropriado para qualificar seus textos, especialmente seus poemas. Viscerais na sua essência, os poemas aqui reunidos

---

* *Suplemento Literário de Minas Gerais*. Belo Horizonte, 15 de agosto de 1970, p. 3.

expressam a dor crua de se dar inteiramente e a paixão por dizer dessa dor, não para ferir ou se ferir, mas porque precisa dizer o não dito, mesmo que doa. Escrever, para Caio, não é uma questão de profissionalismo, é, como afirma em carta a Hilda Hilst: "um jeito de viver". E, por que não dizermos, um jeito de viver mais honestamente, em meio ao mundo que insiste em machucar os sensíveis?

De modo geral, nenhum pesquisador em Crítica Genética tem a certeza de deter a totalidade dos traços escritos da gênese de uma obra, uma vez que parte fundamental desse processo encontra-se apenas no intelecto do autor. Além disso, devido ao caráter lacunar que os dossiês genéticos apresentam, muitas vezes a reconstituição das etapas pode resultar falha. Esses limites, por vezes, constituem-se quase que como contradições. Enquanto pensamos em organizar os originais e publicar os poemas, os manuscritos são documentos escritos, a rigor, para não serem lidos por mais ninguém além do próprio autor. Por isso mesmo, notamos a não preocupação de Caio com a apresentação dos poemas, alguns absolutamente rasurados, com canetas de várias cores, desenhados, amassados.

Porém, não esqueçamos: este é um trabalho que requer paixão, paciência, perseverança! A análise minuciosa do processo criativo, considerando rasuras, traçados, tipos de papel, cores de tinta, permitiu-nos a decifração dos manuscritos e a edição da versão dos poemas que compõem esta publicação. Alertamos: não estamos trazendo aqui uma edição genética. Nosso objetivo sempre foi construir, a partir dos originais manuscritos, a versão mais aproximada da intenção final do autor. E, nos momentos em que nos foi impossível decifrar – ou decidir – alguma palavra, algum verso, assinalamos nossa limitação em nota de rodapé. Esses "brancos" deixados por Caio, quando de sua indefinição por algum verso ou palavra, evidenciam a fluidez de sua linguagem poética, que por vezes chega a entrar em contradição com a obsessão pela reescritura de poemas que chegam a apresentar até cinco versões diferentes.

Bem, não tardemos mais o início desta viagem ao universo poético criado por Caio Fernando Abreu. Porque, como ele mesmo definiu, "a vida não é adiável". Nem a poesia.

Letícia da Costa Chaplin
Márcia Ivana de Lima e Silva

DÉCADA DE 1960

1 – PRECE*

prende-me no teu gesto
despojado e nu
isento de vozes
e reclames outros.
estrutura-me na lenta elaboração
do tempo crescendo
na busca dum tempo maior.

não me guardes
como quem não permite
— mas como quem sabe e aceita
e nas madrugadas de rosas
preso em ti
estruturado em ti
recortado nas avencas das manhãs
nas frutas recusadas
das sarjetas das quitandas
— leva-me contigo
intrínseco no pranto e no pensar
e contudo livre
e contudo só.

eu em ti
asas abertas
sem grilhões
espaço pleno nos teus braços nus
como o que se tem
— mas nunca se completa.

Fevereiro de 1968

---

* Poema publicado no jornal *Cruzeiro do Sul* em 8 de junho de 1968.

2 – GESTO*

onde risco a espera
nesta pausa morta?
só arranho o espelho
e o gesto se estilhaça.
quero gravar teu rosto
e o vento nos apaga.
quero gravar teu nome
e o tempo nos devassa.

---

* Poema publicado no jornal *Cruzeiro do Sul* em 8 de junho de 1968.

3 – CANTIGA DE HOJE À NOITE

Não. Não me peçam singelezas.
Se penso em flores, céu e campo,
o pensamento espalhado bucólico em recantos de infância,
se pesquiso espantos renascidos de ocultos vãos de
[memória,
a forma me sai fria, em gelo e sal.
Nos ásperos caminhos de meu tempo
já não encontro passos predestinados:
cirandas confusas em torno de ídolos de pedra,
desesperados abraços, desvairados encontros
sem amanhã, sem depois.
Já não consigo amenidades no falar.
As estruturas criadas em cristal são apenas vidro,
vidro partido violentando veias de onde nasce um sangue
[inerte.
Inútil sangue de meu tempo
percorrendo escuros caminhos de cansaço.

Por favor, não esperem doçuras de meu canto.
Não esperem doçuras de ninguém mais,
não esperem sequer o canto:
maldito aquele que quiser purezas.
E no entanto, houve um tempo em que eu cantava.
Nos teares antigos de meu peito
rocas de prata entreteciam esperas,
intermináveis rendas de alegria.
Geradas por raízes de terra
uma seiva lenta e calma envivecia os membros.
Ainda assim, o voo pesa.
O impossível voo em meu corpo sem asas.

Peçam-me apenas silêncios. E que no meu escuro claustro
encontre aqueles cantares, encontre a mão de um amigo.
Mas já não creio em canções e os amigos me traíram.
E em traições e guitarras, difícil achar a flor.

13 de abril de 1969

4

Triste, triste viver num tempo sem deuses
num tempo de [uma palavra ileg.]* precárias
e precários mitos e crenças quebradiças.
Triste tempo de máquina
e de lua, e de buzina desvairada,
túneis e metrôs apodrecendo
o coração de terra da cidade.
Triste tempo o que vejo da janela
e da longa rua perdida em bueiros.
Névoa, névoa. E um silêncio
tão grande dentro do cego desespero
que nem sei se é grito ou se é vazio.

Triste janela, a minha
e todas as janelas e todos
aqueles que vêm e que pressentem
um silêncio maior elaborando [uma palavra ileg.]
na casca quebradiça deste tempo.
Ah, malditos esses — malditos os que sabem
e os que andam e aqueles que vivem lenta, lentamente,
como quem morre.

Rio, 30 de agosto de 1969

* Adotamos a seguinte legenda no caso de impossibilidade de leitura: [uma palavra ileg.], ou seja, entre colchetes indicamos o número de palavras ilegíveis.

5 – BREVE MEMÓRIA*

1.
Muitos mares andei. Outros pensei.
E nos pensares muito mais vivi
que nos andares
pausados, estes. Compassados.
Lentos de agonia e de quebranto
numa rota de fogo
estilhaçada.

Se idílios tive, nem no corpo
houve um mistério de luz
uma alvorada
uma avenca crivada de rubro
e de certeza. Não.
Não tive.

Mas nos voos mais abertos
me encantei. E um roteiro
de encontro, a mão calada,
uma face presente, perto à minha,
certa paz
certa riqueza
certa força — alada — em sonho tive.

De marcas não foi feito meu andar.
Nem de levezas.
Porque se andei
(lento
compassado)
um voo desvairado de esperanças

---

* A Antônio Bivar.

transportava meu corpo,
meus pisares.

Alguns marquei. Outros, marcaram.
Porém o passo nunca teve abrigo.
Albergue não fui. Nem me fizeram.
E se em voos tive a face amada
em corpo foi pobreza
em corpo foi silêncio e nada:
um amado de ausência eu acalento.

2.
De ausências e distâncias te construo
amigo
amado.
E além da forma
nem mão
nem fogo:
meu ser ausente do que sou
e do que tenho, alheio.

Na dimensão exata de teu corpo
cabe meu ser
cabe meu voo mais remoto
cabem limites, transcendências.
Na dimensão do corpo que tu tens
e que eu não toco
cabe o verso torturado
e um espesso labirinto de vontades.

Porém não sabes.
E ainda que soubesses
mais adiante,
e um roteiro pasmado de agonia

calcasse em mim sua vontade,
ainda assim
não saberias.

Uma garra de ferro ou de amianto
nos vitrais da porta escancarada.
É tarde
(amigo
amado):
repousa com os que tens
e não me penses
aqui
ou noutra esquina. Silencia,
como eu. Repleto.

Que no teu corpo
o menino que tu és
e não pressentes
se faça num cantar
flor e varanda. E um rumor
de fugas e cantigas
te faça adormecer
desamparado.

3.
Desamparado
é que me faço e falo
assim:
alheio de mim mesmo me procuro
deserto em pedra
galáxia remota.

Assim caminho,
a face desnudada,

pois que não tenho medos
nem pudores
do cacto em meus dedos
de vivências
de rudezas enormes e sangrentas.

Porém atrás
da dimensão restrita deste rosto
preparo desamparos bem maiores,
elaboro vinganças no meu sangue
contra o mundo onde estou,
e não me vejo.

Preparo um desamor
bem mais violento
que esta sede de ti
que me não passa.
Revelarei em breve
num só grito
outra sede maior
outras carências
outra fome de outros
que não tu.

Porque no peito me lacera e sangra
um ser mais amplo do que o teu
e do que o meu, sozinhos.
Falo dos homens,
não de um deus remoto.
Falo de guerras
e de pobrezas muito mais intensas
que esta minha e essa tua
tão pequenas.

Falo dos arrozais
esses distantes,
das papoulas de sangue sobre o verde
e dos olhos devorados
das crianças
nos braços mais famintos deste tempo.

Já não quero tenazes no meu peito.
Tenho um outro querer
mais machucado
— não de penares, mas de asperezas:
quero cantar o tempo
e uma fome maior dentro de nós.

4.
Esta fome maior dentro de nós
uma sede insaciável
uns penares
no peito daqueles que têm olhos,
de todos que têm medo
de um silêncio abissal
sobre esse horror.

Esta guerra de ferro ou de amianto
na garganta de todos os que sabem
como um disparo
uma vontade larga
de desfraldar bandeiras que não estas,
saciar todas as fomes:
as de carne
e estas outras de amor e de justiça.

Nalguma rua, uma criança chora.
Em arrozais longínquos

uma rosa de sangue e amarelo
criva de espanto os olhos de um soldado.
Há alguém que grita
num recinto exíguo.
E um outro, esse já ido,
que não sabe
deste canto nascido de seu gesto.
Desse não falo
pois um canto maior que minha boca
erguerá por todos
seus louvores.

As pupilas abertas para o nada
passeio lento na trincheira morta
onde abutres de farda e de fuzil
investigam caraças silenciosas
tatuadas de verde e podridão.

As mãos abertas
dos que não puderam.
O peito aberto
dos que não venceram.
Os olhos carcomidos
ventres rubros
e no ouro de um trigo
ensanguentado
esse sopro de morte e de vileza.

Não vejo mais que treva
em meu ofício.
Não vejo mais que sombra
no roteiro cansado
da memória.
Os filhos que não tenho

e não terei
me assustam com seus corpos projetados
nesta hora de escuro
e de agonia.

5.
De escuro e de agonia me construo
porque não sei de mim
nesta amargura.
E um ser maior que o meu
mais poderoso
nos meus adentros traça seu roteiro,
decalca sua angústia em minha pele,
seus temores,
seus gritos
suas formas.

Adolescências tive.
Também visões. Algumas crenças.
Mas no tempo que eu tenho
e que me tem
outras certezas
mais duras
se fizeram.

Solidões. E este ser maior
de que te falo, certa ânsia
e esta caminhada. E esta breve memória
que te entrego.

Não te queria só.
Nem macerado. Mas se este olho
que olha,
olha correto

(amigo
amado)
mais te quero assim
entristecido
do que em riso liberto
e distraído.

Bem mais te quero
endurecido
como a face minha.
Bem mais te quero
no gesto predisposto
à luta
do que no gesto ameno,
repousado.

Me fiz em pedra.
E assim é que te falo
desta vontade lenta
desta mansa espera.
Mas não me canso.
E se é feita de rudezas
minha voz,
um dia não será.
Tenho certeza.

13 de outubro de 1969
Casa do Sol, Campinas.

6

Nunca fui estaca nem porto
nem mar, nem vento, nem pedra.
Para os que me buscaram
nunca fui intransponível nem incompreensível
nem irreversível eu me atrevi a ser.

Fui talvez sacada. Talvez varanda
e mais que isso — mão.
Fui mão de vários corpos e objetivos,
mão de muitos e variados gestos.

Mas vire a página, que isso não
tem nenhuma importância.

1969

7

A minha mão na vidraça
apalpa talvez a intangível luz
feita de espera calcada
em meu rosto — por ti.

Nas terras por onde andei
nunca houve céu nem lua como esta.
Ou talvez houvesse:
é que o meu pisar estava embaixo
— não em cima.
O meu passo era de terra
e não de luz.
Havia trigo e bois, arados,
verde.
Não este azul impossível
de ser descrito sem cair no lugar-comum.
Armei tramas, e nunca prendi ninguém.
Possuí, e nunca fui amplo nem estreito.
Bebi, e nunca fiquei bêbado.
Sempre esta umidade de grama pisada
e o silêncio arfante, com o
perdão do mau gosto.
Entrelinhas.
Meios-tons.
Nada além do olhar ensandecido
numa estrutura lenta.
E o desvario, de repente.

(Assim como se te amar me desse asas.)

Nas terras por onde andei,
nunca fui intenso e estúpido.

1969

DÉCADA DE 1970

1

Escuta:
foram muitos os momentos
em que te pensei em mim
não sei se foram bons
maus infâncias temores
mas sei que foram.

Ninguém me tira
a certeza de te ter habitado.

Escuta:
não sei escrever poemas
quando estou dentro dum poema
vivo e sem palavras
mas se penso em te dizer
aqui agora assim
forço rimas formas talvez mortas
porque não me esquivo.

Não compreendo nada.
Estou perdido neste apartamento desconhecido. Estou sozinho nesta sala com Villa-Lobos tocando, e pouco sei de mim, de ti. Escrevo para não sentir medo, ainda que não seja bom o que escrevo, ainda que não haja coerência no que sou agora. Não me importa a coerência. Falo um poema em voz alta, apenas para ouvir minha voz. Mas no meio do poema descubro verdades que eu te diria.

1970

2 – POEMA PRECOCE PARA FERNANDO, O QUE NÃO SABE

Antes de nada — a mão
com que te alcanço e faço
um certeiro percurso de um achado.

Antes de tudo — a mão.
A estranha mão perdida
no rito selvagem do corpo libertado.

E antes ainda — a mão
desconhecida. A mão fuzil.
A mão revolta. E a mão
com que te toco mansamente.

E só depois — a corrida
desenfreada dos sentidos.
E os muitos medos.
E o peito aberto — pronto
para te receber em nudez
de encontro.

30 de abril de 1970

3

Aquém, além da janela
o branco da luz do sol
no branco do meu cigarro.

(Sacia um pouco esta sede
ainda que seja pouco)

Vejo rochas, vejo verdes
vejo paisagens geladas
aquém e além da vidraça.

(Dá-me um rodízio de estrelas
para embalar a ciranda)

Quero escorrer devagar
no branco sol do cigarro
além, aquém da paisagem.

Janela, vidro, vidraça
mormaço que não existe
gesto preso, sol distante
escadarias de gelo.

Verso solto, pensamento,
vento polar, amarelo
não deixa que a sede mate
o cirandar sem estrelas.

Tarde que escorre, crianças,
lantejoulas dentro e fora
das grades do apartamento.
Quero pairar neste branco

até que o branco silêncio
da noite breve, azulada,
sufoque o medo, as cirandas.
E nada fique depois
do tempo recuperado.

Estocolmo, 20 de maio de 1973

4 – PRESS TO OPEN

Estavam ali as portas
janelas e varandas.
Estavam ali
na fronteira do olhar
onde o de dentro encontra
justamente
com o de fora.
Nesse ponto exato
elas estavam.
Bastava um gesto.

Mas o meu estar parado
era maior do que eu.
Estar parado/estar vivo:
a mesma incompreensão
e medo
entre mim e aquele estar das coisas.

Estar ali
como nunca ter chegado.
Estar ali
como ter visto absolutamente tudo.
Estar ali
por estar ali.
E além de mim
o que eu não ousava.

Ah:
relembro a amplidão dessas varandas
os pequenos raios de luz
nos vidros coloridos das janelas.
Revejo a dura consistência da porta

cerrando seu segredo. E me retomo
ali
no imóvel do gesto que não fiz.
Como se pudesse
agora
escancarar portas e janelas
para sair nu pelas varandas
desvairado e nu
— um profeta, um louco, um santo.
Sair para o vento, o sol, as tempestades,
as neves, as quedas de estrelas e Bastilhas,
o cheiro de jasmins entontecendo os quintais.

(Pudesse retomar manhãs, amigo,
manhãs perdidas como o que não fui.)

Mas continuo
ali.
Aqueles espaços
permanecem tão mortos de mim
como um corpo que se ama
e não se toca.

Londres, 4 de fevereiro de 1974

5

Revejo velhos cadernos
anotações de sonhos
saturno, crescentes
intento
invento
e de cada vez sei
sempre
que não é aqui.

Os amigos perdidos
os cabelos perdidos
os olhos perdidos.

Nenhuma crença
nenhum motivo bom
ou mesmo mau
para seguir ou desistir.

A vida parada
julho, agosto
as estradas poeirentas
o vento norte:
o sono de minha avó
na cadeira de balanço

A cidade deserta
setembro, outubro
o reboco caindo
o vento sul:
o xadrez no plástico da mesa
com flores vermelhas e amarelas.

Um cão late
o relógio bate
a poeira cobre os móveis
e os rostos dos parentes.
Caminhões que vão para lugar nenhum
cartas que não chegam
as flores descoradas de plástico
na luz dura da sala.

Novembro, dezembro
os caminhos que não andei
os amores que não tive
os sonhos que continuo mantendo
pela simples razão
de estar vivo.

Ai, Deus
dai-me outra vez o sangue na veia
novamente o coração em descompasso
as visões de antes, o verão ardente
não este mormaço seco
o sangue gelado de agora
e nenhum arco-íris sob os olhos.

Quero de volta meu riso
quero de volta meu passo:
quebrarei todas as cristaleiras da casa
ou me transformarei para sempre
numa flor de plástico
inútil, desbotada, coberta de poeira...

2 de agosto de 1974

6

Toma da minha mão. E fala-me de coisas claras
outra vez. Uma nova teia começa a esboçar-se
em minha face. Há marcas sob os olhos. Convulsões
estranhas nas pupilas. Visitei o inferno.
Trago o corpo atônito
e esquisitos sinais de fogo e dor na minha pele.

Ah fala-me de coisas claras
para que eu não torne mais ao poço.
Esquece minha noite. Estou cansado de ser maldito,
e solitário. De vagar à mercê dos lençóis, das memórias,
das tentativas inúteis. De todas as procuras
e de todos os encontros.

Meu coração estala do escuro.
Cresço entre sombras. E o verde da minha folha
rasga lentamente a terra deste outubro, toma da minha mão

Agora. Transplanta esse esboço de verde
para o jardim de tua casa branca. Cuida de mim.
Leva-me daqui. E rega-me pelas manhãs
com água clara e gestos quietos
outra vez.

1975

7 – FEVER 77°

Deixa-me entrelaçar margaridas
nos cabelos de teu peito.
Deixa-me singrar teus mares
mais remotos
com minha língua em brasa.

Quero um amor de suor e carne
agora:
enquanto tenho sangue.

Mas deixa-me sangrar teus lábios
com a adaga de meus dentes.
Deixa-me dilacerar teu flanco
mais esquivo
na lâmina de minhas unhas.

Quero um amor de faca e grito
agora:
enquanto tenho febre.

14 de janeiro de 1975

8 – PARA UM AMOR QUE NÃO VEIO

Tenho sede de ti
meu amor
mas desconheço o som de teus passos
desconheço
a textura (provavelmente morna)
de teus cabelos — desconheço.

Tenho tanta sede de ti
amor — areia soprada pelo vento
teia esgarçada, sonho desperto
bruscamente — tanta sede
e tão abissal
e tão atávica
e tão desencontrada
nestes vinte e seis anos de procuras
vãs.

Ah
quero fechar meus olhos
quero despertar logo e
bruscamente
deste denso sono sem ti:
amado, amada
— desconhecidos
   alados.

27 de janeiro de 1975

9

(Répteis pelos escombros gelados
da casa demolida.)
Minhas paredes caíram:
entre a desordem da grama
pelos restos de argamassa
nas sombras do que foi: verde
passeiam coisas viscosas.
(Sopra o vento, cai a noite.)
Gelado sangue de répteis
aconchegados no inútil.

Caíram minhas paredes
como caíam os anjos:
mas minha queda é sem asas
e nunca habitei os céus.

Inútil sangue gelado
pelas sombras da argamassa
uns restos do que foi grama
entre as sombras que eram verdes:
passeio o visgo da queda
aconchegado de répteis.

(Cai o vento, sopra a noite.)

Dar asas que não habito
uns céus que nunca pisei
a queda brusca dos anjos
por sobre minhas paredes
                    brancas.

Tramandaí, 27 de janeiro de 1975

10

Partir
outra vez
não importa para onde
partir não importa como
partir e não voltar
nunca mais
morrer e nascer novamente
no momento claro
dessa partida
definitiva
— quando?

29 de janeiro de 1975

11 – APRENDENDO A VOAR

há momentos em que baixa a luz
e tudo fica claro
como há momentos em que baixa a treva
como momentos também em que juntos
os dois baixam claro escuro
sobre corpo e mente
e tudo fica

há momentos em que não ficamos
há momentos de lucidez em que nem sempre
é bom, isso que vemos
é então que luz e treva se misturam
sobre corpo e mente
e nada fica

quando verso é reverso sem deixar o verso
quando a cara se torna inseparável da coroa
há momentos, sim e mais momentos sempre
momento das máquinas que batem e rebatem
(sem parar, entre paixões ferinas)
ou além da janela
o momento de um homem suspenso a dez metros do solo
num poste de luz, contra o céu cinza.

25 de outubro de 1975

12

Ninguém saberá da secura de nossos olhos
da dureza de nossa boca ninguém saberá
do fio das unhas da dor no dente
do sangue guardado no fundo da gaveta

ninguém adivinhará os jardins atrás do muro fechado
ninguém quebrará o ferro do portão
ninguém violentará o secreto
ninguém te tocará profundamente
ninguém te saberá
ninguém.

Por isso olhamos as nuvens
sentados ao vento que não sopra
enquanto os balanços rangem
                    os rádios cantam
e a rua à nossa frente
é tão intocável como um quadro
pintado por outro.

Por isso olhamos em volta
e o que se passa além de nossa [uma palavra ileg.]
não nos soluciona
(ninguém sabe
ninguém saberá).

O caule quebrado do girassol
o livro de Toynbee sobre os degraus
a caneta riscando o papel
as nuvens

a tarde
a rua

o medo.

20 de dezembro de 1975

13

Quando a gente está contente
tanto faz o quente, tanto faz o frio.
Tanto faz que eu me esqueça
do meu compromisso ou isso e aquilo
que aconteceu dez minutos atrás.
Dez minutos atrás já deu
pra uma teia de aranha crescer
e prender a sua vida na cadeia do pensamento
que de um momento pra outro começa a doer.

Quando a gente está contente
gente é gente, gato é gato
barata pode ser um barato total.
Tudo que você disser deve fazer bem
nada que você comer deve fazer mal.
Quando a gente está contente
nem pensar que está contente
nem pensar que está contente
nem pensar: a gente quer
a gente quer, a gente quer
a gente quer é viver.

1976

14

Quero ficar sozinho
quero ficar sozinho e mudo e duro e frio
no meu canto
quero desconfiar de todos
de todos e de ti e de mim também
quero ficar escondido
no meu canto
quero morder tua mão
quero cuspir no teu rosto
quero ficar sozinho
fumar fumar tomar chimarrão e fumar
inatingível
no meu canto
quero roer as unhas
e não acreditar
quero não supor
quero não dormir
quero ficar acordado
de olho bem aberto
desconfiando de tudo e de ti e de mim
duro e mudo e frio
sozinho
no meu canto.

24 de abril de 1977

15 – CANTIGA DE AMOR IDIOTA

Um punhado de sal
em plena ferida aberta
ou
como um sorvete gelado no nervo
exposto
do dente
ou
que nem uma brasa viva
fechada
dentro da mão
ou
igual arame farpado
no branco escuro do olho
ou
um prego no pé descalço
ou
um soco na cara nua
ou
punhal entrando na tripa

assim te ouvi dizer
— não.

4 de julho de 1977

16

Eu quero a vida.
Com todo o risco
        eu quero a vida.
Com os dentes em mau estado
        eu quero a vida
insone, no terceiro comprimido para dormir
        no terceiro maço de cigarro
depois do quarto suicídio
depois de todas as perdas
durante a calvície incipiente
dentro da grande gaiola do país
        da pequena gaiola de meu corpo
        eu quero a vida
eu quero porque quero
                a vida.

É uma escolha. Sozinho ou acompanhado, eu quero, meu deus, como eu quero, com uma tal ferocidade, com uma tal certeza. É agora. É pra já. Não importa depois. É como a quero. Viajar, subir, ver. Depois, talvez Tramandaí. Escrever. Traduzir. Em solidão. Mas é o que quero. Meu deus, a vida, a vida, a vida.

        A VIDA.
        À VIDA.

9 de dezembro de 1977

17

Observo signos, quadraturas
mas não só no céu,
contemporâneos, paisagens,
à espera do grande silêncio
que deflagrarei sobre mim mesmo
tão em breve
que poderia mastigar este agora
como se fosse o último
e depois: não mais.

Invento passo a passo
a minha própria morte
silenciei há tempos
este ato que se fará ato agora
não deveria surpreender
porque não fosse ato
mas ideia presente
ceguei há tempos
nada me impele
e tão cansado e tão desencantado
que nem me atrevo a pedir socorro,
assim como minha vida é minha
e como meu amor sempre foi meu
preso em mim, sem divisões,
assim construirei minha morte,
gestada em mim, de mim.

1978

18 – COTIDIANA nº 1

Todo dia jogo fora os meus dias.
Não com esse jeito atento de quem escolhe feijões
e deita os chochos no lixo. Jogo fora distraído:
dormir demais tanto vale quanto ficar acordado
— e às vezes fico: um olho aceso no escuro buscando
[nãoseiquê —
porque tudo é paisagem, repito sempre,
e os outros então me olham assim como se eu fosse dono de
[alguma sabedoria.
Não é ciência — é sede, isso não digo.
É sede seca de não ter bebido
do único poço que mataria a sede. E já secou.

Todos os dias mastigo meus dias
como se já não tivesse dentes:
minha boca envelheceu antes do corpo. Mastiga lenta,
[paciente, murcha.
Olho os moços com olhos de jáseidisso. Ah,
pudesse eu outra vez ter certeza de ter certeza
e não andaria assim, ombros curvos do cansaço do mundo
(que pesa tão mais que a mão de uma criança...)
Mas não padeço de nenhum mal sem cura, afora a vida.
E dizendo isso sei que repito o gasto. O já dito.

Digo de novo:
é piedosamente que debulho os grãos.
Como quem dá comida aos porcos. O resto
não é nem nunca foi silêncio. É nojo.

São Paulo, 1978

19

Houve avisos, talvez, pelas esquinas.
Mas eu estava surdo.
Houve luzes, quem sabe, e também cores
mas eu estava cego.
Houve manhãs e um sol
que não varou janelas.
Houve tardes estonteadas
escalando degrau após degrau na escada branca,
madrugadas barbitúricas
com galos chegando antes do sono.
Laje fria no meu peito-túmulo
quarto e carne roídos de cupins.
Houve avisos, talvez, pelas estrelas
mas eu não olhava o céu
naquele tempo
naquele tempo sem sentidos
naquele tempo, lá
naquele tempo, ontem
naquele tempo mastigava dores
como quem masca pedras podres entre os dentes
naquele tempo sem sentidos
naquele tempo, lá
naquele tempo, ontem
naquele tempo houve:
este meu jeito de dizer
que já passou — aquele tempo.
(Inauguro o hoje sobre a estrada.)

1978

20 – REALISTA

De manhã
quando abri o quarto dele meiodormindo
encontrei um negro nu sobre a cama.
Falei muitoprazer e sorri.
Depois esquentei café, comi uma maçã verde
(a mais ácida que encontrei).
Enfiei os óculos escuros e saí para o sol.
Na rua
ninguém percebe o segredo ácido que eu carrego
insustentável
atrás do negro dos óculos.

Julho de 1978

21 – REALISTA nº 2

Teve um tempo que amor
era tia Clara vestida de branco na janela do trem
que levava a Porto Alegre. Com baldeação
em Santa Maria da Boca do Monte...

Hoje é supositório contra hemorroidas:
sete e quinhentos a caixinha na farmácia
mais suja do Arouche.

Julho de 1978

22

Perdi o gosto de tudo. Sobrou só o das cáries.
O gosto dos dentes estragados, o próprio gosto de mim,
remendado de muitas meias-solas.

Julho de 1978

23

não desvie os olhos
me olhe
esta cara que trago
é justamente
esta cara que trago
o caco o mapa o trapo
do que sobrou da viagem
tome um trago
me olhe
não desvie os olhos
de dentro dos olhos
esta cara que é minha
é o que restou
dos naufrágios
de todas as ventanias
de todas as calmarias
de todos esses contatos
imediatos ou não
me olhe
não desvie os olhos
de dentro e fundo de mim
veja o resto
conte o saldo
depois me mate
me cuspa me acuse
ou me recuse
então quem sabe
me goze
bem fundo
no fundo de mim

22 de novembro de 1978

24

quero ficar no meu canto*
não me convide
não me sorria
não me proponha

quero ficar no meu canto
se chover, não fecho a janela
se esfriar, não ponho casaco
se morrer, não quero extrema-unção
nem hóstia, se pecar (e for perdoado)
nem toalha para limpar a porra quando gozar

quero ficar no meu canto
mudo, seco, quieto
não me esfaqueie
não me pranteie
não me enlameie
não me chame pra gandaia
que essa vai e deixa louco
não me convide pro amor
que esse passa e deixa pouco
não me convide pra morte
que essa vem, de qualquer jeito
não me convide pra sessão das seis
nem pruma cuba rápida no bar da esquina
nem pra passar a noite ouvindo dalva na sua quitinete
nem pra dançar night fever night fever na [duas palavras ileg.]
nem pra correr a cem duzentos por hora nas curvas da
[estrada de santos

* Poema dedicado a Inez Knaut.

recuso tudo

quero ficar no meu canto
me deixe só no meu canto
tonto, zonzo, pronto
não quero que me aconteça absolutamente mais nada
tenho memórias demais
estou exausto de coisas acontecendo sem parar o tempo todo
[sem parar o tempo
quero ficar no meu canto
quero ficar no meu canto
mas tanto tanto não tudo mentira sim

quero ficar no teu canto
quero ficar no teu canto

8 de dezembro de 1978

25

O amor é triste
depois do corpo saciado.
O sexo é triste
como é triste o amor dos animais
e tudo que na natureza
espera a morte.
O sexo é triste
como é triste a morte
como é triste a vida
e tudo que nesse entretempo
tateia cego no escuro
sem saber
sem saber
sem saber
ou não

20 de janeiro de 1979

26 – OPUS 9 Nº 2

I

um piano toca e toca e dói n'alma
como se dizia antigamente
minha barriga parece um tambor estufado
minhas mãos geladas tremem e suam
hesito em frente ao porre insisto
e fumo e bebo e cheiro
mas
o piano pisa devagar n'alma da gente
e uns suspiros que não vêm ou vêm sim
mas não exangues — como antigamente
e o piano segue e segue e dói e dói
lá fundo e dentro d'alma

II

da janela vejo luzes de mercúrio
não
pela janela vejo as luzes de mercúrio longe
não
pela janela
não
através da janela
não vejo
digo não
as luzes as de mercúrio
longe vejo
não na janela
não digo
não vejo
mercúrio nas luzes
mercúrio nos longes
e eu não vejo a janela através das luzes

dos longes
eu digo
eu vejo
mercúrios
— o quê?

III
o piano prossegue e segue e dói e dói n'alma
não chega de nãos eu quero sins
invento o que escrevo entre um cigarro (aceso) e um
[copo (cheio) de vinho
vontade de parar esse piano
vontade de parar
vontade

IV
Não me olhe assim de dentro do seu três por quatro
não me mande cartões com veleiros de são luís do maranhão
não me fale em cartomantes milagrosas
não me deixe só em sua casa entre coisas suas
porque não sou eu isso que me cerca

V
a incrível dignidade das personagens
a cenografia inteira em tons de bege
o cuidado artesanal em cada gesto
os enquadramentos altamente reveladores
o close em sépia
o zoom na escada

VI
quero escrever poemas esta noite
pelo simples phato de ter decidido assim
quero o pê e o agá

sem dar satisfação a ninguém do que não sei se é
(and who knows?)
a tal de cri-a-ti-vi-da-de
ou angústia seca ou vazio ou lucidez demais
me queima os dentros que não sei dar nome
quero cuspir o osso entalado na garganta
faz tempo

VII
preciso dizer
ou não preciso
estou repleto de mim
o grande segredo
o único indizível
o secretíssimo segredo
é unicamente este
estar superlotado de mim

VIII
ai reconquistar umas ardências que tive
e já não tenho
alguma coisa se perdeu nesses caminhos
ou foi tão leve o processo e tão sutil
que não houve perda,
mas acréscimo
e eu nem percebi
foi assim?

IX
não me mande cartas agressivas de tão longe
só porque não gostei de seus originais-inéditos
eu devia ter avisado que odeio originais-inéditos, inclusive
[os meus
que nunca nunca tive paciência para originais-inéditos
que tenho vontade de vomitar e passo mal só de ver

uma única frase de uma só página de um original-inédito
eu devia ter avisado
eu devia ter
eu devia
eu
mas só por isso não me mande tantas cartas furiosas assim,
[meu bem
a vida é assim
algumas pessoas adoram originais-inéditos
outras não
é tudo tão simples quando se é maniqueísta
ou proselitista elitista entreguista
ou qualquer outra dessas palavrinhas boas
de dizer em entrevista
são assim as coisas são assim o mundo é assim, meu filho
e você tem que se conformar

X
de repente
não mais que de repente
ele me olhou com olhos pretos de índio
e falou
tão simplesmente
ai
tão docemente
ai
tão cultamente
então ele me olhou
e disse
dois pontos
nova linha
travessão:

— é qualquer coisa entre de bar em bar e interiores.

XI
qualquer coisa no sépia
qualquer coisa na granulação
qualquer coisa no desespero
angustioso abissal como ondas de plástico negro
a testa sórdida de casanova
parecida com a minha, você diz
não sei se pensa em amante sublime
ou pântanos, lodosidades

XII
não não me deem opiniões sobre mim mesmo
não marquem encontros sem aparecer
por favor por favor não me enlouqueça
não me obriguem a preencher impostos de renda
não me peçam para trazer amanhã se falta o número do
[cê gê cê
nem me exijam fotografia dois por dois ou três por quatro
igual a essa
de onde você me olha com olhos de quem já olhou de cima
[dos andes peruanos
e eu nunca fui lá

XIII
sempre achei
que há um momento na vida
em que a gente precisa respirar fundo levantar e
imediatamente
fazer um café bem forte
(não só fazer
tomar, é claro)
há quem diga que a maioria das pessoas está três uísques
[abaixo
eu prefiro achar que a mesma maioria está um café a menos

de preferência bem forte muito preto e sem açúcar
se é que entende
o que quero dizer
se é que me entende
porque se não entende
não há papo
nunca houve
nem haverá

XIV
sectário
é uma palavra boa de dizer
tipo
você não passa de um sectário incipiente
ou
lúdico metafísico
essa eu acho finíssima
ou
nausesísifo
essa eu nunca me atrevi a usar
ainda assim
ela escala a garganta
e nunca se derrama

XV
o piano, o piano
o piano insiste, piano piano
se começasse a chover
agora
eu não acreditaria
(não começou)
mas se começasse a chover
agora
teria tudo a ver

sempre o que tem tudo a ver
nunca acontece na hora
em que teria a ver
e depois já é tarde demais
para ter a ver
a gente cansou, entrou noutra
(se nesta cidade houvesse mar
ele bateria na areia
mais uma vez, indiferente)
mas
quando o que tem a ver
acontece na hora que tem de acontecer
o que pinta é susto
de puro jeito desacostumado
do que nunca vem na hora
a gente apoia no cristal que cai e estala
em cacos, pelo chão
ou não

XVI
quero escrever as coisas mais vadias
só porque minhas mãos estão tão frias
quero escrever as coisas mais amargas
e não encontro rima
nem motivo

não esta sensação de febre
não esta sensação
não esta
não

XVII
não gosto de salas
sou mais eu no quarto

mas não me entendam mal
é que dei para receber pessoas na sala
onde não há eu
me deixa aí
me deixa mastigar o meu bolinho com chá
reconforta sempre
eu preciso tanto
quanto o piano, piano piano
que dói e dói n'alma
fundo longe quieto

XVIII
precisava quem sabe molhar plantas
dispor frutas em gamelas claras
viver de manso, e não aos trancos

XIX
hoje comprei uma história da loucura de foucault que me saiu
[trezentos paus
mais barato que uma sessão de terapia
dessas terapias vagabundas que a gente faz
quando anda meio duro
e a cuca foi pras picas
depois, história da loucura
tenho eu, do livro,
em plena rua
que marcação

XX
me visite sem telefonar um dia desses
como não se faz na alemanha
como não se deveria fazer nunca na alemanha
sob o risco de ser chamado
latino-americano de merda

(também conheço essas barras)
mas só quero que você me visite de repente
não mais que
um dia desses
sem avisos

XXI
e toca lento o piano
esse é o que dói mais
n'alma
opus nove número dois
quero gritar aos sete ventos
com o peito ferido de tantas chibatadas
arrebatadamente
como não se usa mais
faz tempo
passou
já era

XXII
cruzo as pernas
acendo um cigarro
pigarreio
e discorro quarenta e cinco minutos
disciplinadamente
sobre os tormentos [indizíveis/contidos]* de minh'alma
[ferida/despedaçada/estraçalhada]**
meto medo
de tanta segurança
meto medo

---

* No original constam as duas possibilidades.
** No original constam as três possibilidades.

de tanta altivez
meto medo
de tanto autodomínio
de tanto autocontrole
e maturidade e absoluto manejo
de todas as emoções
assusto mais, bem sei
quando me desenfreio

XXIII
depois
de tardezinha, cansado de dormir demais
caminho em círculos à procura do ângulo mais favorável
do ver da casa entre as palmeiras verdes
piso descalço na terra procurando deus
quase creio nisso elevo os ombros o ar é limpo o céu é claro
e baixa uma nostalgia do divino que houve em mim
e se perdeu
e canto
tanto

entre luz e sombra me debato
entre noite e dia me divido
entre luz e noite me arrebato
entre dia e sombra me maldigo

XXIV
o opus já não é nove
o opus já não é dois
amanhã virou depois
mas o piano insiste
e dói e dói n'alma
tanto, tanto

XXV
então
visto a capa de vampiro
chupo sangue nas esquinas
caço bandidos nos bares
depois
bebo bebo e bebo até cair
às vezes perco a memória
às vezes meto o dedo na garganta
vomito discreto vou à sauna no dia seguinte
como macrobiótica tomo suco de laranja

mas continuo

cada vez mais fundo
cada vez mais longe
cada vez mais perto
cada vez mais piano
piano piano piano

que dói
miúdo
n'alma.

2 e 3 de maio de 1979

27 – OBSCENO

atrás da janela
vejo passar os homens que nunca serão meus
todas as tardes
cuidadosamente escondido entre as cortinas
vejo passar e passar os homens da cidade
com camisas abertas sobre os pelos suados
onde vezenquando se embaraçam medalhinhas
de São Cristóvão ou Santa Teresinha
amém

virgem, vadia, cadela, puta velha cansada
dessas que já provaram todos os prazeres
por todas as bocas, por todas as camas.
agora mastigo o mofo, a poeira, a naftalina
dos brocados, traças, veludos esgarçados,
restos de um tempo sem tanta fome
amém

passam
e passam e tornam a passar atrás da janela
todos os homens que nunca serão meus
passam
e passam e seguem a passar sobre meu corpo
ardido como as pedras da rua quando bate forte
um sol de dezembro em pleno meio-dia
todas as tardes
amém

10 de maio de 1979

28 – ASSIM, ASSIM

um certo incerto
dia ou feeling
telefonema rápido
conversa insólita
um mais ou menos
quando deveria ser ótimo
pelo menos por delicadeza
o subtexto importa
e se você não saca
fico frio
gelado hirto
arrumo minhas bonecas
e vou brincar noutro lugar
se você pensa que
se você não pensa
sutileza é bom
a gente gosta
tem gente que não gosta
pra rimar
relacionamentos: uma bosta
tiro de letra a sua educação
ou falta de
pois se você não tem
não tenho também
nessas horas
não há berço que aguente
o saco cheio, coração
a cuca cheia, coração
e eu, useiro usado
vou de faca na bota
e queixo duro empinado
na primeira ironia

mostro as garras
unho fundo
tiro sangue
ou nada disso
mastigo pra dentro quieto
calado
e amanhã não conto

1º de junho de 1979

29

um dia, de porre,
ainda vou te fazer uma declaração de amor
falando coisas como só-penso-em-você
ou ando-louco-de-paixão ou não-importa

mas um dia, de porre ou cara limpa,
fumado ou cheirado até a última carreira
ainda vou te fazer uma declaração de amor
tão completamente descarada
que no dia seguinte a gente se olhe de lado
meio rindo meio brincando e diga baixinho
que loucura, hein cara?
e nunca mais toque no assunto

mas um dia, ah um dia, qualquer dia
vou dar escândalo no bar para que todos ouçam
e você morra de vergonha da minha grande baixeza
vou te pegar de surpresa, dizer tolices meladas
que capricho ou ilusão ousariam publicar
vou pedir mais um copo, acender a última baga,
cheirar a derradeira e berrar frenético

que não têm conta as punhetas que bati por você
que não têm conta as cartas de amor que não mandei
que não têm conta os cigarros e as insônias
e as caminhadas loucas e as flores que joguei no lixo
e essas coisas tontas que a gente faz
quando anda cego de amor ou de tesão,
nunca se sabe

direi nesse dia qualquer, então,
quando te pegar de jeito no meio da praça

no canto do bar na cama do apartamento
na porta de entrada ou saída, que importa?
e de porre ou não, nesse dia, prometo,
ainda vou te fazer uma declaração de amor
tão completa e tão esplêndida
e tão absoluta e tão definitiva
e tão [desesperada e inutilmente/inútil e desesperadamente]*
autossuficiente
que dispensará qualquer resposta.

depois, darei um suspiro de alívio
e nunca mais te olharei na cara.

21 de junho de 1979

* No original constam as duas possibilidades.

30 – OS SOBREVIVENTES

Os sobreviventes
às vezes ainda aparecem
em busca de papo
ou qualquer coisa assim.

Ainda trazem os cabelos compridos
duas ou três pulseirinhas
alguns panos coloridos
ou um incenso nas mãos.

Só os olhos mudaram.
Aquela loucura das pupilas
aterrizou, virou espanto
de ter virado espanto.

Pois um sobrevivente
nunca imaginou que pudesse um dia
virar sobrevivente de um tempo
e de si mesmo. Mas virou.

Pelas tardes, de repente,
os sobreviventes ainda aparecem
procurando nos meus olhos
o que nos olhos deles já não existe.

Mas nada encontram.
Faz tempo, rasguei as fantasias
pendurei os colares nas paredes
mandei o pano indiano pra lavanderia.

Nos reconhecemos assim
esbarrando pela noite ou pelas tardes

feito zumbis de almas para sempre perdidas
no sonho que se foi. E que não volta.

O ofício agora é navegar sozinho.
Sem razão, sem porto, sem destino,
sem irmão nem mapa. Sobre-vivendo
à nossa própria morte. E isso é tudo.

Sampa, 23 de julho de 1979

31

Amanhã começa agosto.
No sul, as paredes mofam em silêncio.
Faltam cinco meses para o fim da década.
Nada mudará. Ficaremos um pouco mais cansados.
Mas nada, nada mudará.

Há cachorros loucos vagando pelos becos
alguns suicídios talvez, pelos banheiros, e velhos
que não resistirão.
Minha avó dizia sempre
— não sei se passo deste agosto.
E não passou.

Num susto a mão vira o calendário:
Cecília desapareceu no mundo
Rafael aprendeu a brincar com o coração alheio
Paula faz cara de nojo e viaja para Nova Iorque
Ju não escreveu, nem escreverá.
Tudo já faz tanto tempo. Eu sigo acreditando.

Mas no sul
as bergamotas estão mais doces do que nunca
a umidade invadiu todos os cantos da casa
meus olhos amanhecem inchados de pranto nenhum
e secamente
inventariam marcas, desgostos, rostos perdidos,
corações mofados, roupa cinza na guarda da cadeira.

Amanhã começa agosto
outra vez. E continuamos.

30 de julho de 1979

32

o tédio da tarde
é o inverso do filtro
vai embora o trigo
fica o joio

o tédio da tarde
quadra o círculo
a redondeza do gesto quebra
feito quina, solavanco

o tédio da tarde
não sangra nunca
poluído na fonte
o fluxo não flui, estanca

o tédio da tarde
boceja, e fuma muito
e não espera nada
além do viscoso prosseguir

o tédio da tarde
coagulado prossegue
visgo sem desespero
mata-borrão, pingo de tinta
espalhado na tarde
para sempre inerte

2 de agosto de 1979

DÉCADA DE 1980

1 – CURTUME

Nenhum poema libertário
libera a tarde do gigantesco inútil
derramado em copos de cinza
sobre as paredes sujas.

Nenhum poema inflamado
desinflamaria o pus da paisagem mutilada
pelas chaminés vomitando fuligem
sem parar.

Nenhum poema possível
possibilita a transmutação do nada
curvado sobre cada uma das máquinas
em toques secos.

Nenhum poema pirado
pararia a voragem estúpida
gerando monstros coloridos
em papel couché.

Nenhum poema solto
soltaria outra vez as pandorgas perdidas.
Preso na gaveta, solto no vento: nenhum poema.
Nem mesmo este.

25 de março de 1980

2 – RÉQUIEM PARA UMA TARDE COMUM DE MARÇO

Pobre rebanho que anda em silêncio para o matadouro
e nunca teve pastor, nem ovelha negra.
Pobres de nós, pobre de mim espatifado aqui
sobre ilusões goradas e abortos de sonhos,
cinicamente capaz de sobreviver
a todos os suicídios.

25 de março de 1980

3 – RÔMULO

Era verão, era de tardezinha,
um de nós cantou uma música de Tom Jobim
falando em verão, em tardezinha. O sol caiu no mar,
aquela luz lá embaixo se acendeu, descemos da Barra
pra Copacabana e fomos ver o show da Gal cantando
deixa sangrar.
Fazia calor, vestíamos inteirinhos de branco,
acreditávamos nas coisas dum jeito que seria tolo
não fosse tão verdadeiro. E tão bonito.
(A gente nem sabia, mas tudo era mais simples
e nossa dor não era ainda quase nada.)

Dia seguinte, menti que ia morrer e você foi embora estudar
[acupuntura.
Eu fiquei, viajei, tomei droga,
Gozado é que não morri. fui preso, escrevi coisas,
fiz análise, cortei o cabelo.
Quem morreu foi você, agora, de verdade e de repente
a dor que dói é mais real que aquela e tanto
que não sei se resisto ou compreendo ou me entonteço ou
[nada sinto
neste buraco branco em algum lugar da alma (se é que a temos)
[onde ainda
deixo sangrar.

Éramos-tão-jovens-tudo-é-tão-estúpido-são-tantas-perdas,
dizer o quê? ninguém nos avisou que seria desse jeito.
Desavisados, vamos em frente, Rômulo.
Enquanto você morre, outros enlouquecem, outros bebem,
outros escrevem coisas insensatas, perdem o emprego, têm
[filhos,
são presos, cortam os pulsos, dão gritos ou mastigam em
[silêncio

esses verões, as tardezinhas que se perderam.
Éramos tão limpos, éramos tão claros. Faz quase dez anos.
Os jornais da manhã me comunicam a tua morte,
mas não me comunicam a minha.

São Paulo, 17 de abril de 1980

4

deito-me às vezes entre os restos
dos sonhos que tive, e não vivi
deito-me às vezes entre as sobras
dos muitos que fui, e não morri

quando me deito assim, entre essas sombras
sei apenas que não sei, nem saberei
se este olho aberto que me tem sobrado
é limpa lucidez ou uma lenta loucura

mais me dizem os sonhos que não tive
mais me doem as vidas não levadas
mais me dói no fundo o que nem fui de mim

lastimo o passo que não dei, a mão trancada.
é sobre o não havido que me deito então
à espera do [que]* virá — e permaneço insone

São Paulo, 20 de junho de 1980

---

* A palavra "que" foi acrescentada pelas organizadoras.

5

sim, te pressentia
desde não sei quando
sem esperar, sem saber
sequer que pressentia
nos sonhos, nos inventos
nos futuros que supunha
e nem ainda tinha
nos rostos que mal via
tudo era vago então
difuso aquele tempo
dos corpos que eu não via

apenas tu eu
pressentia claro
nos caminhos de agora
mais que imaginário
no real de cada dia
em cada solidão ardida
te sabia assim
existindo a meu lado
a falar exatamente
essas coisas fundas
exílios, prisões, partidas
que me falas agora

assim eras
quando eu te pressentia
como é agora
quando te percebo sendo

e
permaneço imóvel

como para não afugentar
uma borboleta pousada por descuido
na palma de minha mão
não digo nada
mas de certa forma

estou completo

apenas
de certa forma

8 de julho de 1980

6

e dizem-me: pisar o real
para que não te doam as ilusões
para que não te turvem as aparências
para que não para que sim

para que, Senhor?

dizem-me também para despir máscaras
dizer o indizível que nada é indizível
e ajustam meus olhos
e abrem meus dedos
e empurram-me para a frente
constantemente

para onde, Senhor?

para que eu não me perca
poços, becos, labirintos
dentro de mim

17 de julho de 1980

7

tenho a boca afiada de punhais e cinzas
não choro
olho os [faróis/cristais]* com duros olhos
ardido de quem tem febres más
não sangro
as mãos vazias deixam passar vento
lavando os dedos que não se crispam
não corro
o único sentido de estar aqui
é apenas estar secamente aqui
como um prego cravado
em plena carne da tarde
viva

17 de julho de 1980

---

* No original constam as duas possibilidades.

8 – ASTROLÓGICO

teu outro é meu destino
meu outro é tua origem
meu destino é teu outro
teu ego é minha origem
meu ego é o teu destino
e teu destino, meu ego

as luas passeiam juntas
o sol encontra saturno
vênus visita as reuniões
marte agita teu destino
vênus clareia os amores
marte impulsiona meu eu

há estranhas harmonias
entre as sombras, entre as luzes
na geometria angular
há secretas ressonâncias
e é por todas essas coisas
que não consigo entender
por que o [insólito/estúpido]*: não

15 de agosto de 1980

---

* No original constam as duas possibilidades.

9 – INVERNAL*

quero afundar no meu canto
até o fundo mais fundo
onde só há o eu sozinho

(amor, terreno vedado
para os passos que tentei)

quero morrer no meu canto
como morrem os elefantes
como adoecem os cães
completamente escondidos

(amor, espaço minado
cheio de cacos de vidro)

meu rosto tem sombras duras
minhas mãos têm gestos duros
meus olhos têm vista dura

(amor, espinho cravado
que ninguém tirou de mim)

estou no fundo do poço
em pleno meio de agosto
nenhum fiapo de luz
iluminando meu canto

(amor, espelho quebrado
e sete anos de azar)

15 de agosto de 1980

---

* No acervo há outra versão deste mesmo poema, datada de 15 de agosto de 1981, em que o autor deixou apenas os dísticos.

10

há sempre um dia em que não se morre
porque morrer seria redundância
e reduzida à sua essência mais secreta
a vida continua pulsando porque seria
mais difícil estancá-la que continuar
assim, a seco, coração anoitecido
pela sombra e a soma de todos os desencantos,
[sem rumo algum pelo/sem sentido de todas as coisas]*

há sempre um dia em que se tem vontade
de expor aos passantes a chaga aberta,
como os mendigos expõem feridas nas calçadas,
chapéu ao lado, para que nos joguem moedas,
olhares de pena, desprezo ou simplesmente nojo
mas tão difícil mostrar as cicatrizes quando a vida
foi ensinando, lenta, o jogo necessário de escondê-las.

há sempre um dia em que nos perguntamos
fui eu quem me fez assim ou me fizeram?
e a resposta importa pouco, importa nada;
seja qual for, não voltará jamais o que perdeste
em alguma esquina do caminho, não sabes onde,
não sabemos como, e mesmo o choro então é pouco para
[tua dor
E ainda que compres rosas ou vás ao cinema ou cantes
uma canção qualquer, o que persiste é a morte
com seu roteiro de vermes e distâncias.

no dia seguinte ao dia em que não morremos,
iniciados na tarefa de tecer o inútil

---

* No original constam as duas possibilidades.

trocamos os lençóis, lavamos o rosto, arrumamos a casa e
[partimos para a rua
sem que ninguém perceba o epitáfio sobre a fronte.

18 de agosto de 1980

11

Parei com a terapia
achando que faria
alguma economia
então fui ao dentista
só porque eu queria
ter boca de artista
mas feito o orçamento
para meu desalento
ai, ai — meus dentes valem mais

que meus problemas existenciais
larguei minha cabeça
minha cabeça louca
e apostei
na minha boca.

28 de agosto de 1980

12

eu te queria para os grandes espaços
mas nada posso fazer se te preferes
assim imerso em charcos, em poças
eu te queria para o voo livre e alto
permaneces no miúdo não te verei
lá de cima estou partindo partido
ao meio por te deixar aqui e tudo isso
que digo é mentira porque te queria
para o grande ou o pequeno mas te queria
sim por isso me engano até o momento futuro
em que te matarei com vinte e sete facadas
na cara

25 de setembro de 1980

13

não sei bem se era pedra
mas no meio do caminho
houve um cansaço, uma queda
um vacilo, um desabraço
um suspiro ou um tropeço
um bagaço, algum cochilo
qualquer coisa tão pequena
nós nem notamos que havia

não sei direito o que houve
ou que não houve, quem sabe
sei que não tinha preparo
em nós, nas coisas, em nada
sei que a gente não sabia
dos meandros do caminho
dos depois que vinham vindo
para amargar nossas bocas

deve ter tido um começo
espaço, cama, cozinha
quem sabe uma mesa posta
talvez um rádio ligado
não lembro daquela hora
minha memória dormiu
não localizo esse dia
tua memória, apagou

depois de todo esse tempo
sobrou um corpo a teu lado
e um arremedo de espanto
restou um corpo a meu lado
e esta ressaca de encanto

26 de novembro de 1980

14

Amor não foi, mas invenção
pois te queria de ouro
enquanto eras de barro, águas,
tintura fria, verniz.

De ouro fui eu, o meu invento
em diamantes, rubis, águas-marinhas
engastadas no meu corpo
que nunca foi tão belo. E tão inútil.

Não sei se foi o tempo,
o vento norte, o sol impiedoso dos verões
que pouco a pouco te partiu em cacos.

A chuva te desfez. Restou a lama.
De mim, um brilho falso. Imitação.
Quinquilharias.

16 de dezembro de 1980

15

volta
mas volta antes de maio
enquanto júpiter ilumina vênus

depois
há ervas escuras nos caminhos
oposições, quadraturas,
só tenho um cartão-postal
com uma pedra sobre o mar

as rosas murcham pela casa
abril já vai em meio
e eu te espero
antes de maio

6 de abril de 1981

16 – PUNITIVA

Só eu posso
decidir o movimento
que me leva até você
sei que eu faço
adiar esse momento
tão bonito em que podia
me encontrar no seu viver
o cansaço de inventar
esse tormento
dia a dia, passo a passo
cada jeito, cada traço
no desenho desse espaço
colorido de você
lentamente se anuncia
se estilhaça, me agonia
pelos cacos do meu medo
que não sei se é fantasia
paranoia, covardia, solidão
sei lá o quê
ai, sei que posso
derrubar esse fracasso
com meu braço, minha boca
mas insisto, cego e pouco
louco, tonto
e me afasto novamente
desse mundo que é você.

Via Dutra, madrugada de 10 de agosto de 1981

17

Aceito a solidão que me impões.
Senhor, embora não a compreenda
nem a creia justa ou merecida.
Ainda assim, aceito essas manhãs sem gosto
em minha boca seca,
e também as noites sem ninguém
com seus sonhos de treva e medo.
O telefone calado, a campainha muda
ninguém pensa em mim pela cidade imensa.
Faço faxinas pela casa
e limpo meu corpo metodicamente
como se amanhã fosse outro dia
e não a continuação deste mesmo
de hoje, de ontem, e mais além.
Tenho pena de mim que habito
este país deserto
tenho pena de ter inventado tudo isso
como uma rede. E ainda assim aceito,
Senhor, saturnos, quadraturas,
sinais indecifráveis para meus olhos cansados
de tantos símbolos.
Mas limpo a casa, faço a cama
compro rosas que espalho pelos cantos,
escrevo maus poemas, como este,
que me embalam distraído
das durezas que me impões a cada dia.
Submisso ou covarde, aceito, aceito.
Durmo sozinho sempre.
E amanhã, recomeço.

9 de setembro de 1981

18 – ASSOMBRAÇÕES

Fumo em silêncio.
Ainda não envelheci
mas já não sou mais moço.
Tenho uns fios brancos
          umas queixas, uns cansaços
certo jeito de sorrir
com a boca
enquanto os olhos permanecem parados.
Tivesse sido o que não fui
teria jeito?
          ai geladas alquimias
          ai vazias catedrais
          ai sonhos despedaçados
          jogados pelas esquinas
Fumo em silêncio.
Na noite de outubro
que mais parece agosto
          esta chuva, essa fadiga
os fantasmas de mim
esvoaçam pelo quarto.
Não arrastam correntes
nem soltam gemidos:
são fantasmas discretos.
E eu mesmo, que os fiz,
nunca lhes vi as faces
que nem chegaram a ter.

26 de outubro de 1981

Que fria melancolia*
se derrama sobre mim
nesta noite que é de outubro
e mais parece de agosto?
Todas as tramas do dia
se destramam pelo quarto
onde navego em segredo
entre chás, conhaques,
cartas, telefones que não tocam,
cidades rugindo além.
Fio por fio, desfaço a teia
de tudo que não sou eu,
credo em cruz, jesus amém.
Fumo em silêncio.
Ainda não envelheci
mas já não sou mais moço.
Tenho uns fios brancos
umas queixas, uns cansaços
certo jeito de sorrir
com a boca
enquanto os olhos permanecem parados.
Tivesse sido o que não fui
teria jeito?
Ai geladas alquimias
(ai vazias catedrais
ai sonhos despedaçados
jogados pelas esquinas).
Fumo em silêncio
na noite de outubro
que mais parece agosto

---

* Esta é a primeira versão desse mesmo poema. Julgamos pertinente mantê-la aqui pelas grandes diferenças que apresenta ao ser comparada com a versão posterior.

esta chuva, esta fadiga
os fantasmas de mim
esvoaçam pelo quarto.
Não arrastam correntes
nem soltam gemidos
são fantasmas discretos
e eu mesmo que os fiz
nunca lhes vi as faces.

26 de outubro de 1981

19

E me dizem — não
mais uma vez.
Caminho pela casa vazia
não tenho pais nem irmãos
e a minha dor mesquinha
individual intransferível
é infinitamente maior que a dor de todo o planeta.
Bebo. Tomo barbitúricos
telefono para números que não atendem
além da janela
uma lua cheia desgovernada
transita em Peixes.
O espelho mostra uma cara
de fundas olheiras, barba por fazer,
fios brancos nos cabelos
e uma teia cada vez mais densa
de pequenas rugas.
Fiz trinta e três anos ontem
choro e soluço alto
até o peito doer como uns socos.
Sou um cachorro doente
escondido neste quarto colorido
no meio duma cidade que não entendo
num planeta que não entendo
entre homens que nunca entendi.
Penso em cordas, giletes
comprimidos, facas. Não ousarei.
A cabeça desgoverna
errei de planeta
errei de corpo
esta história não me pertence
porque é tão triste

e no entanto é minha.
Como um camelo
mastigo a dor que inventei
para me distrair de um medo incompreensível.
São três horas da manhã
acordarei às três da tarde
a boca amarga
os rins doloridos
o coração pisoteado
cheio de humilhação.
Nunca mais telefonarei.
Me procurarás em vão
e serei frio como quem diz
— não preciso de tua piedade.
Sou para sempre um homem escuro
meu sorriso não conhecerá ninguém.
Não te quero mais
porque não me queres.
Escrevo para não me matar.
E imagino então
que um gênio sai da lâmpada lustrosa
e faço três pedidos
que não sei quais são.
Não quero estar aqui.
Morri faz tempo.
Me assassinaste hoje outra vez
e pagarás muito caro o preço
de cada um dos três bilhões
de lágrimas que chorei por ti.
Então escrevo madrugada adentro
e nada se resolve.
Verbalizo a dor.
Mas amanhã continuo
e a dor persiste

prego cravado
gilete no olho
                    no canto da boca
estilete na pupila
no centro do coração
que escancarei para ouvir
— e é tão antigo —
o não que já conheço
e nunca entendo

14 de setembro de 1981

20

feito um pequeno milagre
          um palmo de luz
             varando súbito claro
             o centro escuro do dia
             em que me engasto

um pequeno milagre
um palmo claro de luz
varando súbita flecha
o centro escuro do dia
em que me engasto

miúdo milagre
um palmo claro de luz
varando súbita seta
o centro escuro do dia
onde me engasto

que fosse assim
miúdo milagre
um palmo claro de luz
no centro escuro do dia
onde me engasto

5 de novembro de 1981

21 – GIMME SHELTER

Ó doce margarida deste hospício,
em sua rude carícia me afoguei,
destilando a fina raiz do vício
no oceano feroz onde me afoguei.

Sua rede de cuidados me feria
com as brasas da paixão. E o veneno
do discurso, nas águas da baía,
chiava como sal de fruta Eno.

Após as formosuras do tormento,
eis-me aqui, pronto para o novo enfarte
da noite que chora no amargo vento.

Procurando evitar qualquer alarde,
refaço no coração meu sustento
e acendo a noite com engenho e arte.

13 de fevereiro de 1982

22 – UMA CANÇÃO PROVISÓRIA

I – Anunciação

Provisoriamente, te anuncio:
restarei em silêncio feito um disco antigo
num baú jogado, por um sótão desses assim,
cheios de teias. E um manequim ridículo
posto na poeira de um canto qualquer, alheio.
Como o ridículo manequim, com sua cara fria,
como as teias vazias das aranhas,
como as poeiras dos cantos, gelosias,
— assim restarei, por algum tempo.

Provisoriamente, quem saberia?
andarei oculto como as coisas que o tempo
tranca nos baús fechados, à espera de um gesto
a escancará-los, outra vez e sempre, um dia,
para um sol talvez cruel que as revele, nuas,
em suas rendas rotas, suas traças. Ou as desvende
nobres em seu luxo inusitado nestes tempos
de farsa e de miséria.

Provisoriamente, eu gostaria,
me [guardarei/orientarei]* atento pelo que é de-dentro
sem tentar, novamente, essas astrologias
de supor divisível o que será sempre
fechado e só. Na mente. Por certo tempo
não tecerei nenhum invento novo: por mais
que estrelas se espatifem contra as janelas
fechadas, por mais que unicórnios e quimeras
passeiem, nos jardins, mitologias. Coloquei
cadeados nos portões. Barrei as fantasias.

---

* No original constam as duas possibilidades.

II – Medos e Presságios

(Escuta: anoiteci.
E se assim me fiz escuro, e tanto,
foi por ter acreditado — tonto! —
naquela luz que me anunciaste
um dia.)
Se quatro ventos me soubessem, solene, farto,
aos quatro então anunciaria
o fechamento temporário de todos os meus portos,
toque de recolher em tempo hábil, no meu corpo
estonteado por enganos vadios, papel-crepom e crepe,
miragens, néon urbano, bobas alquimias...

[Certamente/Mas]* é provisório o tempo que anuncio.
Como provisórias as luas, as marés, as festas, os afetos
e tudo que na vida hoje urgia e amanhã é nada. Porque
é da vida ser, hoje, vida e mais depois, vazia.
Importa pouco — caro, cara — que a imagem do nada seja
[escura ou clara
se atrás dela, eternamente há: nada. E agonia.

Comunicaria a todos, mas a nem todos interessaria:
(e sobretudo a ti,
com quem andei jogando um jogo perigoso,
desses que o trunfo verte sangue
pouco depois do lance conquistado)
— há um novo eu, ainda impreciso, gestado em dores,
solidões, pobrezas, melancolias tais que só eu sei
(e deus, esse coitado, onde andaria?)
— há um novo eu, de fronte mais serena
à espera da passagem desse tempo provisório

* No original constam as duas possibilidades.

que anuncio
(não, não me suponhas menor:
se eu te queria largo
era um voo maior,
numa alegria escancarada
de ouro, te queria)

III – Utopia

Por enquanto, solto impudico minha voz de louco
por ter ousado além do que devia. Mas guardo
certa beleza assim, severo, e certo encanto
neste canto torto, por saber de tanto, todo dia.
Mas provisória também esta noite de abril
que passa e passa, e passa, em susto, em pena,
sobre a casa crua. Não farei ruído algum,
não tenho medo: a tampa do baú está cerrada.

Vou sendo agora, decididamente, esse
leque quebrado, esse compasso, essa pena de pavão
espatifada. E sobretudo, bem ao fundo, quieta,
a caixinha de música que no silêncio vasto
inventa solitária, na sua alma mecânica e atônita
uma outra melodia, mais sonora, que anunciarei
bem alto qualquer dia
(e até esse dia
o que verás de mim
será secreto, será magia).
Por enquanto assim, de mofo. Baço.
Provisoriamente, guardei minha alegria.
Mas sou bonito assim: quase nascendo.
Quem canta, custa a morrer, e eu não sabia.

27/28 de abril de 1982

23

Pela tarde
terás os pés descalços
mas muito limpos
uma veste de juta, algodão
ou coisa assim
mas
no centro de tua testa
brilhará uma estrela
invisível
de diamantes

12 de maio de 1982

24 – OBSESSIVA Nº 5

Faz tanto tempo, já
e não, eu não esqueço.
Tomadas providências melancólicas
tipo beber muito
                    ir ao cinema sem parar
                    televisão bares festinhas
                    drogas variadas
                    cartas & telefonemas
                    ou não. E nada.

Somados aos dos pés, os dedos
das mãos não seriam suficientes
para contar os meses todos.
Tantos, deus, e tantas
mas tantas, tantas fiz
(como diria Ana Cristina, a bela)
e eu — mas o que seria esse eu depois de tudo?
e isso é outro papo — enfim:

eu não esqueço

aquele esboço de felicidade,
inesperados tropeços no real. E teu cheiro
de repente, outra vez, no meio de maio,
visuais rápidos na esquina, no escuro
teu rosto transformado em outros.
Arsênico, cumulativa: a memória
dum quase possível me envenenando
insidiosa e lenta
como num romance inglês.

Até hoje — até quando?

Maio de 1982

25 – INVERNO

mas
essa secreta vida
indestrutível, embora inaparente
broto subterrâneo
flor implícita

ultrapassado junho
vencidos os agostos
crescerá verde outra vez
em direção ao sol
escancarado
do próximo setembro

Maio de 1982

26 – CANTIGA PARA NINAR INSONES

Quieta, carência minha:
não pinceles assim, em ouro,
o que no barro é feito. Não
desvendes metáforas complexas
onde o verbo é quase sempre raso
e pouco. Não, não te atices
assim, toda a fim, outra vez,
de elaborar torturas acetinadas
sobre mesquinharias de algodão.

Não te bastou, então, toda essa estrada?

Quieta, quieta: silencia.
Como as tevês antigas, disciplinada,
procura ver em preto, em branco,
em calmaria. Não assim, despudorada,
policrômica, out-dooresca. Respira,
respira fundo, conta até dez.
Não telefona. Não fantasia.

Sossega. Chega de enganos.

Recolhe ardores indiscriminados,
os arrebatamentos, controla.
Controla-te, por favor, carência minha,
pois urge sublimar a ânsia do sublime.
Tenta, tenta. Ou toma um mogadom,
um valium, trinta miligramas (e três,
se for preciso). E dorme, dorme
bruta, dorme profundamente, dorme

sem sonho algum
enquanto chove dentro e fora a chuva fria.

Amanhã tem mais.

Maio de 1982

27 – BARCOS E VENTOS

Vento forte
vento breve
vento fraco
vento brusco
vento louco
vento solto
vento pouco
que vento que eu inventei
que vento que veio a mim
que vento que me envolveu
sem conseguir me levar?

Ai âncoras ancoradas
ai quilhas despedaçadas
ai amarras machucadas
ai gaivotas estonteadas
sobre o verde mar revolto
claramente assustador.

Sou do céu claro, menino
sou de sol do meio-dia
sou da mais doce
de todas as águas doces
sou branco, azul e dourado.
Tenho medo desses ventos
que ventam desconhecidos
tentando me escurecer
com fáceis brilhos e axés
feitos de terra ou de treva.

Nunca fui porto,

paulinho

nem bússola ou astrolábio
mas tempestade calada
aberta a todos os ventos
desde que belos e livres.
Como te amei enganado
tonta tarde de domingo
ventinho, frágil barquinho...

Mas nunca, nunca fui porto
nem nunca me pretendi. Ah
tuas pobres euforias
teus carmins, teus camarins
tuas purpurinas, cetins
por cima de tantos trapos.
Gatocão, não te queria
diria sim ao real
rasgaria a fantasia.

Barquinho, pingo primeiro
perdido nos ventos moucos
que dor te saber tão vasto
e tão assim, estreitinho
teu miúdo redemoinho
ventando sobre si próprio
num falso porto seguro.

Mas um dia, eu gostaria,
quando soprar o teu vento
o de início prometido, o de luz,
o verdadeiro
eu voaria contigo
se asas iluminadas
até bem perto do sol

(esse sol que me escondeste
tão tosco, tão torto e bruto).

E eu aqui, assim
pronto, certo, quase morto.
Bobagens claras, quem sabe
ou negras feitiçarias
na nossa navegação.
Ai que tonta fantasia
ai que triste ventania
arrebentou minha guia
ai que seca calmaria
três facas no coração.

9 de agosto de 1982

28

missin' ZM
quase uma sigla
dois dias antes do natal
na cidade enevoada (sempre)
nem meio-dia & cerca de 20 cigarros
baixos teores
missin' missin' missin'
sigla secreta
noite clara sobre os hibiscos da vila
fevereiro próximo passado
vodka & caetano
a-que-será-que-se-destina?
kids & griffes na manhã nevoenta (sempre)
é preciso cortá-los, os hibiscos
sobre o pátio úmido
excesso de chuvas
desequilíbrio psico(eco)lógico
passa um avião em direção a Java, talvez Sumatra ou Bali
missin' ZM
never more
it's over
c'est fini
troppo tarde
coisas assim (sempre)
eu vou indo amanhã quem sabe a gente se vê por aí
sinal fechado
estrela do PT colada no vidro sobre os edifícios
redação, amenidades
tirar da cabeça vai fazer um ano chega
não exorcizei
missin' missin' missin'
teria sido o que costumavam chamar de amor?

e eu tão atento mas tão atento
limite da ansiedade
deixei passar
marquei, dancei
escorreguei estrepitosamente em meio ao grand jeté
forever
nunca mais tentei
devia?

22 de dezembro de 1982

29 – HORÁRIO NOBRE

A televisão varia
conforme meu astral.
Hoje tem fantasma, chuvisco
invasão de vermelho
no tubo gasto da imagem.

Outro dia
— mas já faz tempo —
tava que era uma maravilha.
Parecia cinema.

12 de janeiro de 1983

30

meio-dia
o sol de Oxalá menino
busca o ponto luminoso
na cabeça escura

sexta-feira
a luz de Oxaláguiã
devassa o cheiro de mofo
na cabeça escura

caminho entre axés
refletido nas vitrines
o branco da roupa
disfarça o escuro da cabeça

a vela acesa
pede no escuro
mas a cabeça, já não sabe
o quê

21 de janeiro de 1983

31 – AUSÊNCIAS & SUSPEITAS

I
Onde andarás agora
enquanto a tarde cai
(parada lenta morna)
e olho cavalos verdes
atrás desta janela?

31 de janeiro de 1983

II
Entre outras coisas, ficou
um endereço em Paris (Rue de Breteuil)
o postal reprodução de Magritte
com a pedra suspensa sobre o mar.
E mais recentemente, muito mais:
este cheiro guardado no meu ombro
que não consigo lavar. Nem quero.

1º de fevereiro de 1983

III
Não queria te esgotar em verso
nem em prosa. Mas
enquanto não toca o telefone
involuntário, invento coisas
coloridas. Histórias espantosas
que dão certo. Só vagamente
melancólicas. Porque conheço
o gosto.

1º de fevereiro de 1983

IV

Tantas sinastrias...
Desacostumado de amor
ultrapasso os dois maços
e tomo um Lexotan
em vão.

1º de fevereiro de 1983

V

Te mandaria cartas expressas
poemas entrega rápida
derramados, urgentes, excessivos.
Não mando nada.
Tenho medo dessa literatura dos sentidos
que transborda o real
como a chuva inunda os bueiros
alagando as ruas da cidade.
Faz tanto tempo, deserta.

1º de fevereiro de 1983

VI

Talvez fosse melhor
se não tivesses vindo.
Que me deixasses afundado
no charco das noites
inevitavelmente quietas
porque sem esperas. Sem
este olho atento demais
à prometida gota de mel
de que só vi
                    a sombra.

7 de fevereiro de 1983

VII

E se perdêssemos essa espécie de medo
que nos suaviza inutilmente?
Se penetrássemos fatais, deliberados,
no mais secreto círculo do outro? Se
ao invés de provisórios, estonteados,
displicentes e tão assim, meio remotos,
fizéssemos marcas bem fundas?
Dessas ardidas. Com unhas e dentes.
Para sempre indisfarçáveis, hein?

7 de fevereiro de 1983

VIII

Me liga numa hora qualquer
mas que seja extremamente imprópria
para dizer que a vida sem mim
perdeu o gosto. Repete insistente,
repete que vai se matar, deixando
bilhetes cruéis, atônitos, desesperados.
Horrivelmente comprometedores.

7 de fevereiro de 1983

IX

Passados sete dias, entrarei
organizadamente em pânico.
Horários e palavras: irrepreensíveis.
Silêncios medidos. Um controle
severo para que o olho parado
na distância não revele a farpa.
Talvez suspire vez que outra.
Mas tão disciplinado. Ninguém perceberia
a queda familiar no velho poço,
a tarde arredondada em estilhaços.

7 de fevereiro de 1983

X

Como tivesse visto a praia ensolarada
através das frestas da janela. Quis
dançar na areia, mergulhar nas águas
o corpo incendiado. A mão súbita cobriu
o sol, bem antes do primeiro movimento.
E porque vira, já não era possível
mentir que a luz não existia.

7 de fevereiro de 1983

32

Involuntária: assim foi
e se quisessem saber
(mas ninguém perguntará nada)
se foi um passo de chumbo
ou, ao contrário, silenciosa
cristais de neve
(açúcar candy ou strega?)
nada vi, nada ouvi.

Impressentida: e mal chegou
a pousar sobre meu ombro
sua pata escura ou de marfim.

E se quisessem saber
só poderia mostrar a marca,
que ainda não avaliei o espesso.
Só sei que funda.

19 de fevereiro de 1983

33 – ENTREGA RÁPIDA

Atravesso fases de santidade como quem atravessa sinais
[vermelhos
em alta velocidade, desembocando outra vez na avenida
onde rolam cabeças em movimento desdirecionado
sem tempo para os crepúsculos roxos atrás do perfil
crivado de edifícios, escondendo horizontes.
Te escrevo
ah cartas de amor pungente de tão íntimas
que o limite maior seria talvez enviar os trinta volumes
completos, de meu diário secreto
aquele, dos segredos indizíveis, dos chicotes
dos sais respingados sobre o dorso branco molhado das
[lesmas
frágeis, inconfessáveis, escuros, segredos malditos
no fundo do quintal, hora de sesta.
Embora o dia de claro azul no céu
como se a cidade não fosse esta
como se o céu não fosse este
como se o olho de ver também não foste este
incapacitado há tanto e sem querer para o azul
nesse destrambelhamento de querer revelar o coração
como quem revela um filme na penumbra do laboratório
aos poucos se esboçando o contorno vago, o movimento
[interno
antidistônico em direção à janela, medusa pulsante, máxima
[tensão
no reprocessamento de plutônio. Mas o ato seco
não corresponde às chamas: crepito, informulável.
Não, não há palavras suficientes, mesmo estas
mesmo as de amor desesperado que te diria
se permitisses, mas não sei se quero
mesmo as do bilhete suicida que não cheguei a escrever

um a-quem-interessar capaz de culpar o universo inteiro
fronteiras de Aldebarã, mas mal cheguei, gesto torto
de metal, um rock and roll de guitarras lancinantes
ambíguas, abstratas. E te preciso perto, valquírias cavalgando
cordas tensas, para me afogar além do pensamento
[ultrapassando sinais
sem carta de habilitação, a mil por hora, em busca de fiadores
para um espaço ao lado do açougue na cidade nova, para me
[afogar
e deposito o incerto gosto futuro como beatas depositam
palmas floridas aos pés de Santa Teresinha do Menino Jesus,
[acreditando
acreditando, acreditando. De moto cordis, e vou sabendo
que isto também passará, e no entanto esta manhã é última
de tão urgente. Cigarros mentolados não aliviam a poeira na
[garganta
ad aspera per astra:* deu.

Sampa, 23 de fevereiro de 1983

* O autor fez uma inversão. A ordem correta é: "per aspera ad astra", que significa "sobre espinhos até as estrelas", ou seja, não há vitória sem sacrifício.

34 - CRISE

Duzentos funcionários despedidos, e eu não me importo.
Mais presente é o cinza do dia espalhado além das vidraças
ou a voz de João lendo para mim uma notícia engraçada,
revista semanal, hora de almoço, crise geral, generalizada.
E no entanto queria que me levasses a um piquenique
desses com cesta de palha, guardanapos brancos, farofas e
[maçãs.
No entanto queria que me comprasses pipocas no sábado,
para olharmos as zebras guardadas pelas grades do
[zoológico.
Com a máquina estragada no sétimo, sem café, acendo um
[cigarro
e não há nada de novo nisso, me pego sempre acendendo ou
[apagando um,
fumo sem café, não sinto gosto, recuperaria todos os gostos,
um a um, pudesse, quisesse, quem sabe. Enlouqueci na
[última semana
como a pequena Mesurat, mas nem sequer cheguei a jogar
[meu pai
escada abaixo. Talvez difícil ler assim tão alto
a notícia engraçada, e logo recolher-se sobre a mesa
como uma concha torta, por um segundo desinibida,
[oferecendo
inútil a própria pérola negra. Tão duramente gestada, repito,
tão duramente, e não nos entenderemos nunca. Não há mais
[tempo, nunca houve.
Guilherme bateu o carro depois saiu para almoçar, para
[esquecer. Gritam muito em volta
enquanto eu enlouqueço sozinho na casa deserta, uma brisa
enfunando as rendas gastas das cortinas, quase em surto,
[balançando
o corpo, me perdi pelas estradas lamacentas e quando me
[perguntaram

o nome, a idade, o lugar: eu nada lembrava. Ah esvaziar-se
[assim
como Adrienne, mas ter matado antes o pai, como Adele,
[como Auguste,
procurar o ouro no sótão sujo de Paris, sem que ninguém
[acredite.
Jamais conseguirei, a tarde é de quarta, mal começada dentro
[do cinza.
Me virias no sábado, então, não saberei dizer, não saberei
[pedir,
o colchão entortou com o peso de meu corpo, não consegui
[eliminar
completamente as pulgas. Me perguntam se sou eu mesmo,
[respondo com
o número de teu telefone. Permaneço parado. Não tenho nada
[a dizer,
sozinho na sala escura, o girassol no muro, o esquilo sobre
[o tronco
dos olmos. Enlouqueço sozinho, o relógio bate junto com
[a máquina
depositando palavras no branco do papel. Perdi a forma, o
[telefone
toca, mas esta voz não é a minha, respondendo gentil: ainda
[não voltou, não voltou.
Notícias graves chegam pelo rádio. Guerrilheiros invadem
[imobiliárias.
Esqueci o código, me trazem chá.
Crise geral, generalizada: um susto [inútil/cego]*, o cinzeiro
[cheio.

2 de março de 1983

* No original constam as duas possibilidades.

35 – AS REGRAS DO JOGO / CURVA DO TORMENTO

E porque é só o que tenho, volto a escrever.
Como se diria, para restaurar o sentido, quem sabe,
embora pouco ou nenhum atravesse a noite de março,
céu opaco, estrelas invisíveis, um telefone que não toca
e uma televisão desligada, porque entre o tédio mudo
e a palavra inútil, prefiro a segunda. Mas por que vieste,
[então?
E serei sempre eu a fazer esse tipo de pergunta,
serei sempre eu como se as décadas não tivessem avançado
além dos trinta, quarenta, serei sempre eu: o último
[mal-amado.
O que espera, e não vai à luta, o que não finge que não
[importa,
o que jogou, como um louco, as suas últimas esperanças
num aparelho telefônico... Ah, serei sempre eu, o antigo,
o que de alguma forma é admirável, para os outros,
embora nenhum gostasse de estar em seu/meu lugar.
Só porque é só o que tenho, não porque haja algo a dizer
além das velhas queixas, não porque haja alguma forma
extraordinariamente expressiva, e nunca esboçada, só por
[isso.
É daqui que arranco certa verdade, mesmo já sabida: assim
[não morro.

Por que os homens insistem em amar e em esperar,
apesar de todas as provas em contrário?

Sou agora um homem já não muito jovem, e no momento
sem futuro algum. Tenho alguns trastes amontoados em
[forma
de alguma coisa que chamo de casa. Fumo demais, às vezes
[bebo.

Eu não tinha esse coração. Eu mataria aquele ou aquela
que o deixou assim, um dia, tão espatifado. Jamais saberei
quem foi. Invento outros, e não me canso, disfarço o coração
arrebentado e sempre forço o corpo (ou a cabeça?) a
[mergulhar
em outra história qualquer. Que será sempre exatamente isso e
nada mais que isso: outra história qualquer. Aquele que
[esperou demais
do que não era nada. Aquele que sacudiu a bateia
[ansiosamente
e encontrou areia no fundo, em vez de ouro. Aquele que
[continua acreditando
no ouro: eu sou esse. Pudesse varar as noites, como
[antigamente,
quando havia tempo, acreditando que qualquer encontro
[numa esquina
seria suficiente para matar a sede (pelo menos por uns
[tempos).
Os tempos já passaram. As esquinas não matam a sede.

Por que malditos fingem esquecer as maldições eternas
apesar de todas as provas em contrário?

Posso dividir o que houve (ou o que não houve) em
[segmentos
bestas, tipo primeiro, segundo, terceiro. Posso arrancar
explicações fantásticas de tão reveladoras em cada silêncio,
em cada ausência, em cada gesto prometido e não feito.
[Posso rasgar
todos os trânsitos astrológicos, eliminar I-Chings da minha
[vida, jogar fora as guias, posso
jurar nunca, nunca mais acreditar. E seguirei esperando.
Não saberia viver sem a possibilidade do gosto doce
[prometido sobre a língua,

e no entanto vivo. Ah o cheiro do meu corpo cansado de
[esperar
pelo teu toque, em solidão. E no entanto, escrevo: para que
[o som
da máquina seja um baixo elétrico estridente enlouquecendo
os vizinhos, em horas impróprias. O gemido insuportável de
[um sax
ultrapassando minha janela aberta para invadir a dos outros,
inoportuno, doloroso, torturado demais para o dia que já
[trouxe
sua quota mais que suficiente de dores e fadigas. Sempre fui
[músico,
só não toco instrumento algum, afora este.

Por que os anjos continuam a acreditar na redenção dos
[homens,
apesar de todas as provas em contrário?

Não tenho mais nada, nunca tive. Mas se Artaud suportou
[sua loucura,
por que não suportarei a minha? Miro-me no alto: estou mais
[próximo
do Júpiter que vi em sonhos (me acompanhavas) do que das
[outras
janelas fechadas. Um céu enorme, todo estrelado. Vontade
[de ter,
outra vez aquilo que nunca mais terei, aquilo que nunca tive,
pois quando estava perto eu não sabia que tinha. Ah fantasias
deslavadas, ah sonhos destrambelhados, ah ruas apinhadas
[com
mil possibilidades que deságuam, inertes, na novela das oito
onde outros vivem a vida que não vivi, sentindo coisas que já
[não sinto.
Não sinto mais nada. Posso acordar amanhã em hora ainda
[hábil

e escovar os dentes e me estender ao sol e até comprar jornal
[ir ao teatro
tomar duas ou três brahmas: continuarei não sentindo nada.
[Porque
supunha que te queria, mas somados os desacatos, não sou
[mais nada
sou a mulher de Degas em seu longo traje amarelo sentada
[à frente
do cálice de absinto, sou a cara desabada da mulher de Degas
que sabe de tudo em seu desabamento, sou um desabamento
[sem dramas
excessivos. Sou a saída discreta pela porta dos fundos. Sou
[a máquina
batendo em desamparo no meio da noite, porque é só o que
[tenho, porque
te esperei e não vieste, assim te chamava, última esperança,
[antes da
curva das tormentas. E não eras sequer tu, mas o que eu tinha
[inventado de ti.
Não eras nada, meus inventos não prestam. Meu coração me
[ultrapassa
todo dia e a tua ausência estudada para que eu me sinta
[assim como me sinto
transformo em duas folhas ruidosamente datilografadas,
[porque
tenho voz. E canto. Teu tempo já foi dado, o meu também,
[não temos jeito.

E os homens, os malditos, os anjos: ah que idiotas, as
provas são todas em contrário. Por que insistem, se o jogo
[não tem regras?

10 de março de 1983

36 – SCENA DE ABRIL

Mais tarde, quem sabe alguém dará notícias minhas.
Dirá talvez que ando bem, embora longe, que liguei outro dia
assim, rapidamente, para dizer que estava com saudade
ou coisa assim. Se for cruel, só levemente cruel,
nada de grave, dirá também que perguntei por ti,
por onde andavas, o que fazias, com quem andavas.
Terias dito que não andavas com ninguém, que estavas
só, e muito amargo depois da minha partida. Que eu sorri,
[então,
repetindo que nunca voltaria. Se for bondoso, não dirá nada
sobre isso. Só que liguei, sem sequer dizer onde estava. Que
parecia estar em lugar nenhum. Que parecia nunca ter
[andado por aqui
nem vivido nenhuma dessas coisas. Que minha voz vinha de
[longe,
não saberia se de algum ponto num extremo qualquer deste
[país,
se por defeito, mero defeito da ligação. Um outro poderia
[dizer
também que estou feliz, ou pelo menos atordoado de
[atividades,
que faço coisas, nem lembro mais de tudo que se deu aqui,
[nesta cidade.

Ninguém dirá coisa nenhuma. Há um sol leve lá fora, perdido
em meio da manhã de abril. Eu não parti. Apenas abro
[janelas
com uma vontade vaga de sentar na praça, houvesse praças,
para comer maçãs ao sol, o coração outra vez repleto de
[esperanças
fúteis. Deixar o sol claro da manhã bater no topo da cabeça
[fria,

pensando bobagens lentas. Como essa. Que já parti, que dei
[notícias,
de algum lugar, sem mágoa alguma, sem desejar, por um
[segundo,
a tua nem a minha morte.

27 de abril de 1983

37 – PONTE AÉREA

Meus olhos ardem
no metal da asa.
Não existe colírio
para dar jeito
em quem viu demais.
Estou em movimento
(proibido-fumar-nos-toaletes)
isso também dói.
E passa.

17 de maio de 1983

38 – IVAN

palmo a palmo
no teu corpo de menino
minha luz guia
vida justificada
amor: esse é teu nome
e eu mal sabia
das vastidões guardadas
feito estrelas
em nossas bocas
quando se encontram

18 de agosto de 1983

IVAN – Versão 2*

Não sei se por te amar
amo também o mundo inteiro
ou se por ser capaz
de amar assim, o mundo inteiro
e pela impossibilidade de abraçá-lo
abraço em ti os sete mares
os cinco continentes
todas as raças e linguagens
sânscrito, tupi, armênio
o nascimento de Cristo
o sistema planetário de Vega
arqueologias, arquiteturas
histórias, geografias
tudo que não conhecemos

---

* Como não foi possível identificarmos qual a última versão, mantivemos as duas possibilidades.

e o que sabemos de cor
palmo a palmo, no teu corpo de menino
minha luz guia
vida justificada
manso mistério
amor: esse é teu nome
e eu mal sabia
dessas vastidões
guardadas feito estrelas em nossas bocas quando se
[encontram.

1983

39 – VOLTA AO LAR

Os parentes lidam com os mortos.
Aranhas espreitam, atrás de cada quadro.
O tempo, aqui, escancara a boca,
nítidas falhas, cáries. Cada passo
no ritual milimetrado e cotidiano
não deixa cair a máscara
sobre o tenso fio entre a vida e a morte.
Minha mãe faz sessenta anos,
minha irmã solteira dorme sozinha,
meu pai toma um porre e resolve ouvir Bethânia
às duas da matina, enquanto gatos miam no pátio. Eu espio.
Tenho medo do que há de mim
atrás da genética alheia e cada gesto ainda não feito
e que sempre repeti.

Choro ainda Ana Cristina
e o dom da poesia que não tenho
que ela levou sem ter direito
antes do tempo (e que era meu, de certa forma)
para me jogar de volta a este quarto
onde espio, espio e só não voo
porque tenho medo de mim nesta paisagem
que me foi dada como um presente
inútil, irrecusável, incompreensível.
Feito uma jaula.

13 de abril de 1984

VOLTA AO LAR – Versão 2

Os parentes lidam com os mortos,
indicadores a postos sobre o copo.
Aranhas pequeninas espreitam
atrás de cada quadro, e tecem sem parar o mofo.
O tempo, aqui, escancarou a boca
para mostrar cáries indisfarçáveis.

Cada passo,
no ritual milimetrado e cotidiano
não deixa cair a máscara suspensa
pelo esticado fio entre vida e morte.

Minha mãe faz sessenta anos
(embora conte histórias sobre a queima do cartório)
minha irmã solteira dorme sozinha,
meu pai toma um porre e resolve ouvir Bethânia
às duas da matina, em contracanto
com o cio dos gatos dos telhados.

Eu espio.
Tenho medo do que há de mim
guardado na genética alheia, herança irrecusável,
de cada gesto ainda não feito
e para sempre repetido na sala de jantar.

3 abril de 1984

40

Esmaga meu coração.
Cega meus olhos.

Esmaga meu coração, cega meus olhos.
Atravessa meu corpo de punhais,
salga as feridas. Enterra-me vivo
em sete palmos de terra
no canto do teu quintal.

Enterra-me vivo
em sete palmos de terra
num canto do teu quintal.
Esmaga meu coração,
atravessa meu corpo de punhais,
salga as feridas.
Cega meus olhos
para que eu nunca mais me atreva.
E cospe em meu rosto
pela minha grande ousadia
de ter acreditado.
Corta a corda
que me prende à vida,
mas deixa-me a vida
que desaprendi sem ti.
Para que eu nunca mais me atreva.

16 de abril de 1984

41

Se foi de sol aquela madrugada
em que riscamos nossos nomes juntos
nas calçadas da cidade que já não era minha
e que por ti tentei, depois, recuperar
— não compreendo este escuro
que me volta agora, ainda mais espesso.
Como o de antes de ti,
quando eu não tinha nada.

E não me amas mais? pergunto, os olhos
postos dentro dos teus olhos. Me dizes
duramente que não. E outra vez eu tento,
e outra vez repetes, apunhalando fundo
e retorcendo a lâmina lá dentro da ferida,
que não, dizes que não. E não vibras mais
quando minha mão te toca.

Navego no escuro
procurando outra vez aquela luz do agosto
que te trouxe até mim
para provar que as madrugadas podiam ser de sol
e os encontros ainda existiam
reluzindo entre os cacos de um mundo espatifado
e o amor era capaz de vencer
qualquer escuridão, qualquer cansaço.

Me desfaço de ti,
agora tão de leve: encerro na caixa
a vela, as cartas, alguns farrapos,
o perfil da tua foto de menino.
Há nisso tudo uma lição que não compreendo ainda
e caminhar sem ti, e te perder,

e chorar enquanto escrevo
procurando palavras, aquelas
que não consegui dizer. Amor, amor, rolo no escuro
enquanto tua voz me diz que não, e nunca mais.
Te abandono no portão, na chuva fria.
Perdi meu rumo, amor, e digo coisas tolas
e parto só porque não quero morrer.

18 de abril de 1984

42 – SÃO TOMÉ DAS LETRAS

Vivo sozinho minha paixão de sexta-feira
pelas ruas de pedra da cidade louca.
Caio três vezes, cem vezes sou traído
o sangue de meu rosto não deixa marcas
na toalha de Verônica: não há Verônica,
não há ninguém.

Recebo em silêncio os pregos que prendem
minha carne triste à minha pobre cruz,
porque não há eternidade, choro pelo mundo
e por todas as coisas, sobretudo por mim.

Ah, como são lindos os abismos
para quem ousa se jogar no fundo deles,
desprezando a vida, — pergunto baixo a ti:
— Por que, por que me abandonaste
  se sabias que eu era fraco,
  se sabias que eu te amava tanto?

Arrasto farrapos de minha paixão
pelos mistérios das esquinas. O menino oferece
um pedaço de seu pão de feriado,
mas não aceito, não aceito mais migalhas.

Meu coração está duro e frio
como esta pedra imensa sob meus pés.
Nunca mais quero esse amor que, sorrindo,
espreme vinagre nos meus lábios secos
enquanto crava, doce, suavemente
sua coroa de espinhos em minha testa nua.

Sexta-Feira Santa, 1985

43 – PALÍNDROMA

ROMA: ASA E AMOR
sai desse canto, rapaz
vai acontecer outra vez
(porque a vida, ah a vida
sempre se renova)
para de tremer de frio
você vai sentir
o coração quente outra vez
quando acontecer
e sempre acontece
tocarão tuas mãos
e teus cabelos, devagar
e te farão carícias suaves
porque alguém, em algum lugar
te amará um dia
não sei quando,
mas sei que um dia
ah, um dia
um dia renovado
um dia claro de sol por dentro
em que a luz voltará
e o sentido de estar vivo
retomará seu curso
tão natural
como nunca tivesse se desviado dele
calma, calma: está acontecendo
pode ser agora, atenção
atenção atenção atenção
o tempo todo: atenção
(porque a vida, ah a vida
sempre se renova)

15 de janeiro de 1985

44 – FLASH BACK

Mais que de ti
lembro dos teus sapatos amarelos*
como um traço ou membro ou gesto teu
guilhotinado do corpo e solto
sobre o tapete, no quarto que foi nosso.

Era inverno, era outro país,
nevava e eu tocava dois sulcos
no couro dos teus sapatos, sem saber
que prenunciavam esta moldura amarga
na minha boca de hoje...

Mais que de ti
de quem não me ficou o rosto
nem a voz que certamente tinhas
lembro de mim, como de um outro,
tocando com-paixão as solas furadas
dos teus pobres sapatos amarelos.

1º de março de 1985

---

* Versos citados em *Onde andará Dulce Veiga?*. São Paulo: Planeta De Agostini, 2003, parte II, cap. 13, p. 53.

45

O que não chorei por Rômulo
no dia em que perdeu a vida,
sem quase não ter vivido,
mais o que não chorei por Roberto,
quando a visão se foi, levada pela peste,
nem pelo sonho que fugiu no momento
em que Carlinhos estendia a mão, para tocá-lo
e o que deixei de chorar por Ana ou Júlio
na hora da queda fria, e também
por Lígia, de quem, ela contou, beijaram
com carinho o seio decepado:

todas as lágrimas que não chorei
pela dor dos outros, acumuladas
formam um mar escuro onde me afogo
nas noites de sábado, quando a cidade ruge
e eu, sozinho com as ausências, compreendo seco
que as pessoas morrem sem ser felizes — e que o sentido,
quase sempre, escapa.

18 de março de 1985

46

Se me ouvisses, eu pediria perdão.
Mas os ouvidos de quem não ama
são sempre surdos para quem tentou em vão
ultrapassar os muros.

Se me amasses eu me transformaria
num lago doce de mel para te alimentar.
Mas a doçura recusada de quem não recebeu amor
se eriça feito um bicho ferido
e em sua toca, dobrado sobre si,
lambe sozinho a própria dor,
disposto a morder para salvar
o que talvez tenha sobrado de:
vida, embora inútil.

9 de abril de 1985

47

Feito um barco que afunda,
a lua nova some por trás
do edifício. No céu de abril
o guerreiro Marte hostiliza
a solidão do velho Saturno.
Viro o disco de samba-canção,
enterra-se o presidente:

não sei o que será da noite.

24 de abril de 1985

48

era de um outro jeito que acontecia
era de manhã e eu não pensava nada
acordando devagar ao lado dele
com o cheiro de café e sexo no quarto.

era devagar que tinha vindo
eu cedia a vontades matinais de comprar pão
sem óculos escuros, jogar migalhas para os pássaros
no pátio, cheio de suspeitas boas e um medo súbito
se insinuando então ao meio-dia, daquelas marcas fundas
maldição antiga e meio bruta no fundo do olho.

mas ele se revelava sem cessar, abrindo armários
secretos de outros tempos onde não estive,
enquanto meu encanto aumenta quase sem controle
espiando agora janelas cinzentas, no outro lado da rua,
as mãos recendendo ao cheiro inesperado de cravo
guardado dentro dos pelos dele.

26 de abril de 1985

49

o homem morre
o amor é uma ilusão
incapaz de deter
o verme, o pó

só a dor indivisível
e o olho escancarado
para a rosa
são nossa precária
eternidade

por trás do verme e do pó
que nos aguardam
só a dor indivisível
o olho escancarado
são nossa precária
eternidade

16 de setembro de 1985

50

1.
Agora que não irei mais te encontrar na Alemanha
para visitarmos as ilhas gregas
agora que não cuidarei mais para que o ruído
das teclas de minha olivetti batam no mesmo ritmo
das teclas do teu piano
agora que não dividiremos mais Billie Holiday
nem macieiras e Knut Hamsum pelas madrugadas
e o telefone não voltará a chamar de ti por mim
nem os lençóis precisarão ser trocados
às quartas e também às sextas, por tua causa
nem é preciso aquietar o relógio para o silêncio perfeito de
[teu sono
nem comprarei mais leite pata teu despertar de menino nas
[manhãs.
Agora que chegaram o silêncio, a distância e o nunca mais
teus hollywoods misturados aos meus marlboros nos
[cinzeiros
teus tênis do lado de dentro de minha porta
o porteiro da noite não voltará a anunciar teu nome pelo
[interfone
e sei que doerá mais nos sábados que nas segundas
que doerá mais fundo nas noites que nas tardes
e mais doídamente ainda nesta esquina da alameda Franca
tudo isso que certamente passará um dia, mas não neste, não
[hoje
não agora que nunca mais te encontrarei, um dia, na
[Alemanha
para visitarmos, juntos, aquelas ilhas gregas.

2.
Lembra do dia em que te falei dos versos que não continuavam? Eram assim: mais que de ti, lembro dos teus sapatos

amarelos. Uma mariposa meio morta tentava voar sobre a mesa dos dois namorados que não éramos nós. Luiz Sérgio passou e disse hoje é aniversário de Guilherme, você está bonito de dólmã, e eu fiquei tão orgulhoso dele me ver a teu lado. Você tinha a barba por fazer e vestia a blusa cinza que minha irmã teceu faz tempo, em outro inverno longe daqui. Éramos tão pálidos e nos queríamos tanto, pensei à toa, e esses também — seriam versos? — não continuavam. Até hoje, não sei se te falei. Te convenci a ficar naquela noite, uma só antes da última, enquanto mijávamos nossos conhaques nas árvores da Consolação. Lembro do ar pesado na noite dos Jardins, lembro da minha sensação de abismo e do cheiro quase insuportável, não fosse teu, dos tênis vermelhos que expulsamos para fora do quarto. Pique acelerado: te deixei dormindo na manhã seguinte, e me pediste fica, e eu disse não posso, hoje não agora não, e te abracei e te beijei com certa urgência embora te quisesse tanto e tanto ali, na minha cama, e corri para um táxi vestido de branco, porque era sexta-feira, e te deixei dormindo em minha cama, e te amei tanto pelo resto daquele dia que eu não sabia que era véspera do último, você dormindo em minha cama, e fui viver meu dia enquanto você dormia em minha cama, e te deixei meu Deus até hoje e para sempre dormindo em minha cama. Mas esses, esses também — seriam versos? — não continuavam, não continuam, e eu não sabia. Eu não podia adivinhar o nosso fim naquele dia em que te deixei dormindo em minha cama — lembra?

3.
nunca mais
teu corpo em minha cama
nunca mais
tua boca em minha boca

estes também
são versos que não continuam
não têm depois

4.
te exorcizo com vinho
com Elis ou Billie Holiday
te exorcizo com telefonemas
queixosos, chorosos aos amigos

minto no papel, não na cabeça:
não te exorcizo nunca
possuído de ti, babo
baba verde sanguinolenta clamando contra os céus

5.
Janto no restaurante em frente
para que doa mais.
Na mesma mesa onde sentávamos
enxugo devagar o vinho tinto
e através dos vidros te vejo
batendo à minha porta
no outro lado da rua.

O porteiro diz ele não está
e te vejo vacilar desamparado
no meio da noite
vejo teu casaco de veludo marrom
teus sapatos cansados
a tua cabeça baixa
descendo pela rua
em direção à tua vida
que não me inclui mais.

Mentira:
do outro lado da rua
vejo minha própria dor
no copo de vinho tinto
e a tua ausência crua em cada uma
dessas pessoas que chegam e saem
do meu prédio
no outro lado da rua.

Acendo outro cigarro.
Derrubo mais um gole de meu vinho
tinto.

6.
Meu terapeuta dirá:
ele te ama.
Meu terapeuta mágico mandrake babalorixá dirá:
ele te quer.

E voltarias correndo para mim,
meu pequeno.

Confiro ao real poderes imbecis
que minha mente nega
enquanto a noite amanhece e a realidade não se modifica
porque é dentro e exclusivamente dentro de mim
que se bate esse menino
que perdi.

7.
só tenho versos nesta noite suja
o postal de minha terra natal despencou do mural
com aquele céu tão azul
estou maximizando a minha dor

porque nenhuma doeria assim e assim tão fundo
choro sobre a máquina de escrever
para não lembrar teus passos
caminhando dentro de mim
estou seco de uma sede que ninguém poderá matar
agora que não te encontrei mais na Alemanha
meu pequeno, e eu repito
e repito meu pequeno, meu pequeno
meu pequeno Dante ou Victor ou qualquer coisa que era o
[jeito mais leve
de eu ser no mundo

elegantemente, bebo outro gole de vinho
e fumo o trigésimo nono cigarro
tão elegantemente quanto posso
enquanto ardem os metais do blues
e eu espero o momento do gesto definitivo
de abrir o gás letal
e só não abro porque te transformei em literatura
meu menino de sal
que não me levará onde não quero ir
a vida é barra
e eu já sabia disso, baby

te procurarei outra e outra vez amanhã e depois
na parada de ônibus da doutor arnaldo
sabendo que não estarás lá
talvez arme outro verso no caminho do jornal
onde a vida me engole todo dia
e todo dia me busco e te procuro ainda
a ti e a mim menino/meninos em algum ponto de ônibus
em frente às flores e aos anjos de espada em riste e mármore
que a gente vê da rua lá dentro
perdidos no meio do cemitério

e dos versos desta noite suja
ô, yeah!

8.
não entendo os recados do I-Ching
saio da cama quase ao meio-dia
sem vontade de viver

descubro avisos no gafanhotinho verde
pousado sobre o poema número seis
mergulho teu nome no mel
para adoçar teu coração
repito a cada fim de tarde
"primeira estrela que vejo
realiza o meu desejo"

faz quase um mês, não vai passar?

e dê-lhe Tom Waits todo dia
pra aquietar essa voz rouca da dor
que não se cala

9.
o telefone tocaria assim, tipo normal
como se fosse um engano
como se fosse uma pessoa previsível
do outro lado do fio
tua voz diria assim
— alô, posso voltar?
nos encontraríamos no bar
logo depois assim, tipo normal
para discutir a volta e confessar
a falta louca que sentimos
depois, na cama

um segundo antes de dormir
e te abraçando tanto
eu pensaria que as histórias da vida
podiam ser como as de fada
e terminar quem sabe
assim, bem assim: tipo normal

10.
escrevo poemas porque estou doente
tenho andado triste além do limite
é uma tristeza de gente, esta
é uma dor contemporânea, a minha
o que não consola nem um pouco
aumenta à noite, feito malária
cresce fim de semana quando
rondo esquinas, bares, telefones
e não penso em outra coisa
a não ser voltar
para que se refaça a vida em minha boca
escrevo poemas porque estou doente
essa doença que tenho
não há remédio que cure
ou alivie — a não ser escrever
maus poemas, que me importa a estética?

10 de julho de 1986

51 – VISITA A FRANZ

Um dia, em Praga, irei visitar o túmulo de Kafka.
Ficarei parado lá, sem sentir coisa alguma
além de um claro espanto por estar exatamente lá,
em Praga, parado junto ao túmulo de Kafka.
Não sei onde fica o cemitério de Praga, nem
se haveria algum boteco por perto. Mas se houver,
entrarei no mais próximo para tomar um gole de vodca
ou gim ou qualquer coisa assim — que importa? Nada
sei dos bares ou dos cemitérios de Praga, eu
nunca estive lá, e nada sei também da vida nem da morte.
Mas estou certo que um dia, quando eu for a Praga,
ao lado do túmulo de Kafka, lembrarei deste momento agora
em que vejo tão claramente nessa memória do futuro
o que eu serei ali, parado junto ao túmulo de Kafka.

5 de março de 1987

52 – DINASTIA

Como diria Ana C, este é o terceiro Ricardo.
Melhor seria, claro, se fosse Ricardo, o III.
Mas não há realezas por aqui, e Shakespeare
sucumbiu aos teclados eletrônicos. O primeiro
gostava dos clássicos (ou seria jazz?), e acabou
mudando pra Brasília, de onde nunca mais mandou notícias.
O segundo voltou de Berlim com um jeito punk, e
desapareceu depois que dei uns tapas na cara dele
bem na véspera da véspera de Natal. Acordei mal,
e mais mal me sentiria pudesse adivinhar este
terceiro, que mexe com a minha cabeça como se fosse
não só primeiro, mas também único. Só me consola pensar
que, um dia, no futuro, deve haver também um quarto.

5 de março de 1987

DÉCADA DE 1990

1.

Peço força,
peço fé,
peço luz,
peço saúde,
peço Axé,
Axé Babá!
Onde andará
Olorum nas
terras do deus-dará?

Berlim, 1993

2

Veneza encara o Adriático,
anjos pairam sobre canais parados.
Sarajevo encara o Adriático,
demônios pairam sobre a Iugoslávia.
À destra* Veneza paira sobre as águas.
À sinistra,** Sarajevo
queima nas mesmas águas.
Destra, sinistra:
o Adriático separa
Veneza de Sarajevo.
Água numa, fogo noutra,
anjos, demônios,
luz, sombra,
água e fogo,
com o Adriático
feito uma espada, no meio.
Na pia batismal
o puzzle de Yoko Ono
tem brancas nuvens no azul.
— *"Guarda, guarda,*
La signora Elizabetta!
Ma quale Elizabetta,
*la regina ò la puttana?"****

Veneza, 1993

---

* Destra – "lado direito", "à direita", em italiano.
** Sinistra – "lado esquerdo", "à esquerda", em italiano.
*** "Olha, olha,
a senhora Elizabeth!
Mas qual Elizabeth,
a rainha ou a puta?"

3

As malas feitas,
parto outra vez.
E outra vez,
também esta,
é mais fácil,
mais feliz
chegar do que partir.
Deixo apenas no ar
um vago perfume de incenso
mas tão vago
que, como eu,
também partirá logo
pela primeira
janela aberta,
pelo primeiro
sopro do vento.

Bordeaux, 1993

4

Protejam, protejam
o pequenino Sapé,
esse menino sem fé
nesta terra sem axé.

Amsterdã, 1993

5

O que chamamos de amor
não é amor.
O que chamamos de dor
não dói.
Tudo o que parece ser
até pode ser, mas do avesso.

Amsterdã, 1993

6 – STONE SONG

Eu gosto de olhar as pedras
que nunca saem dali.
Não desejam nem almejam
ser jamais o que não são.
O ser das pedras que vejo
é só ser, completamente.
Eu quero ser como as pedras
que nunca saem dali.
Mesmo que a pedra não voe,
quem saberá de seus sonhos?
Os sonhos não são desejos,
os sonhos sabem ser sonhos.
Eu quero ser como as pedras
e nunca sair daqui.
Sempre estar, completamente,
onde estiver o meu ser.

Porto Alegre, 1996

SEM DATA

1 – COTIDIANA

nem mais mostramos
nem mais pedimos:
o olho é brasa
que em cinza vira
e sobre a tarde
se derrama fria.

2 – PENÉLOPE

Por que mares andarás, marinheiro
ancorado entre corais?
Em que praias tão desertas
de outras ilhas verdejantes?
Em que terras tão distantes
desde antes navegavas?
Meu pirata bandoleiro,
meu perdido companheiro
machucado nos recifes,
nos penhascos destas vagas
entre as garras
das sereias mentirosas
com seus dentes de marfim.

Ai de mim
que teço e teço e teço a minha sorte
te chamando pela noite
te esperando até a morte.
Vou tramando a minha teia,
vou tecendo a tua sorte,
vou chamando minha morte,
me perdendo pela noite
dia a dia em cada porto
onde chegas, onde partes.
Quando voltas desses mares
tormentosos, marinheiro?

3

e todos os dias
trazer à tona meu melhor rosto
para que os outros não se assustem
para que os outros não se espantem
para que eu não me dane e sangre

e todos os dias
depurar o melhor de mim
e não deixar nenhum espinho à tona
e não deixar nenhuma dor à mostra
e não deixar nenhuma cicatriz visível
combater a voz rouca com gargarejo de salmoura
esconder as olheiras com óculos escuros
e dizer coisas, mesmo sem sentido,
o tempo todo, dizer coisas e mais coisas e outras coisas
para que o silêncio não assuste
para que o silêncio não agrida nem pareça fundo
como um poço
para que o poço não assuste

e todos os dias
não deixar a sede vencer a garganta
e não deixar o gesto se estender do braço
e não gritar, não gritar nem chorar,
nem utilizar palavras ásperas
(dance, dance, dance
e não se esqueça de sorrir)

e todos os dias
e todos os dias
controlar o ridículo
para não confessar amores inconfessáveis

delimitar o cansaço
mastigar a solidão
tomar um ônibus
e voltar sozinho para casa, em passo lento
ou então beber num bar qualquer
qualquer bebida, qualquer companhia,
beber, beber, beber, beber
e não esquecer nada.

e hoje como ontem
todos os dias
um dia depois do outro
amanhã eu sei
amanhã também.

4

Escureci. Me tornei feio.
Às vezes já não tenho esperanças
e sei que quanto mais vivo
mais escuro fico.
Tive ou tiveram culpa? Fiz,
fizeram de mim? Hoje
essas questões não importam.
Estou mais turvo que o ar
que envolve esta cidade doente, estou
mais doente que a cidade hoje. E
infinitamente mais pobre.
Quero deitar na minha cama e dormir
até o dia de são nunca. Antes
vou chorar encolhido mordendo os pulsos,
soluçando até o estômago doer
como se tivesse câncer
                    absolutamente
e nenhuma esperança.
Teu amor, pensei, podia me salvar.
Mas não salvou. Teu amor não veio
é por isso que morro um pouco nesta tarde suja
enquanto sua santidade o papa fala piedades pelas praças do
[país.

Teu amor, pensei, podia me limpar,
e pensei tantas coisas como essas
e cometi erros e soltei a emoção, a fantasia.
Agora fui ferido em pleno voo
vejo pedras no fim da queda lenta.
e nem sequer sei
arrematar o poema.

5

A todo momento
tenho a impressão que você
vai entrar por aquela
porta giratória
acompanhado de qualquer pessoa
homem, mulher, não importa
tão pouco especial
enquanto eu estarei
tão pouco especial,
meio bêbado, meio barbado
no fim do domingo
numa mesa ao fundo
do bar, ao som do reggae
acompanhado de minha amiga
tão pouco especial
e será assim, essa noite
futura em que te/nos vejo
assim tão pouco especiais
no fundo do bar
banal ao som de Joplin
estarei na décima quinta
garrafa de vinho
porque entre o vinho
e o nada, nada mais me resta
a não ser
estar no fundo do bar
e eu estarei lá
à espera de alguém
que não estará lá.
num fundo de bar
num fim de noite

na curva do domingo
nós três, nós mil

tão pouco especiais
jogados no fundo de qualquer coisa
à espera de qualquer coisa
muito especial
entrando por aquela porta giratória.

6 – DESESPERADA, MENTE

Mentira, você não me ama.
Eu também, eu nunca te amei.

Mas o que importa a verdade
quando esta sede quase mata a gente
e nada mais que uma ilusão ardente
pode saciar a vontade
de ter amor, mesmo fingido, mesmo molhado?

Verdade, eu nunca te amei.
Você também, você nunca me amou.

Então diz que me ama. Desesperada, mente.
Te faço confissões alucinadas
e tenho febre ao lado do telefone
esperando tuas mentiras descaradas.
Sente, pouco importa a falsidade
e mente, mente, meu amor, espatifada mente.

É tudo verdade, é tudo mentira.
Vamos voar num tapete voador
de olhos fechados, de mãos enlaçadas
como se houvesse amor, esquecer
que você não me ama
e eu também, eu nunca te amei,
meu amor, minha dor.

Desesperada, mente
mente, mente, meu amor
Alucinada, mente.

7

deu meia-noite
a lua subiu nos claros
bem, lucrécia apareceu
eu assubo nos ares
vou brincar no vento leste
estou bebendo vinho
ouvindo caetano veloso
escrever frase por frase é mais fácil
ou será só diferente
é diferente
eu não sei
no pão de açúcar de cada dia
dai-nos senhor a poesia
de cada dia — no pão de açúcar
vejo cartas
estou chapado e meio bêbado
é sábado de noite
eu tô pensando em ti
tu acha ridículo?
a poesia de cada dia
às vezes eu acho que estou pirando
na praia lucrécia me dizia todos
os dias pela manhã
caio, tu tá pirando
no sétimo dia eu ESTAVA REALMENTE PIRANDO
daí dei um esporro nela
acabou o disco, vou virar
virei, um violão lento
meu bichinho bonito, meu bichinho bonito
meu bichinho bonito
tudo é mesmo muito grande assim
porque deus quer

dancei muito, em todos os sentidos
tu sabia?
tem uma coisa espinhando no meio da gente
é difícil, não é?
quando eu for velho,
quando eu for velhinho, bem velhinho
como seremos
como serei
como serás?
os contos do concurso
aaaarghhh
será que é mesmo?
um quê de españa
quedê?
foi tão bonito trocarmos as bolsas
é um jeito fetichista
de te ter comigo o dia inteiro
outro dia escrevi um poema
chamado
fetichista
(até poemas ando cometendo...
a que ponto me levaste
rapaz?)
flagrai-vos de vossa beleza
eu também acho
à minha esquerda um livro chamado
cuentos de amor, de locura y de
muerte
por que eu sou eu e tu és
tu por que eu não posso ser tu em
mim ou tu em tu ou tu em eu ou eu em
tu ou eu em eu ou mim em tu por que
divagações viciosas
inúteis como brincos de strass

ser literário é ser coberto de strass
às vezes você me fere
fundo
mas sempre volto à tona
com um sorriso nos lábios
que pena que as coisas sejam assim
ultrapassa
esse deus das avencas
adianta dizer que eu estou muito
triste
que importa, não é?
um certo ritmo de maria bethânia
acender mais um cigarro
disse a fã premiada como
a mais original do ano:
"amo maria bethânia porque
ela é daquelas que sempre
acendem mais um cigarro"
eu ainda não aprendi a viver
eu não tenho experiência nenhuma
de transar com as pessoas
e cada uma é tão uma
que transar com uma ou dez ou mil
não é transar com todas
e cada uma é tão uma
e poderia ser tão fundo
se a gente ousasse ou tivesse coragem
ou seja lá o que for preciso para
para
às vezes tenho certeza que tu não entende
nada
às vezes tenho certeza que tu entende
tudo
empatias — desempatias

um dia tu tava dormindo e eu disse
que te amava
pela primeira vez
até hoje não tenho bem certeza se tu tava mesmo dormindo
tava?
é ridículo sentir coisas?
compacto no tempo
estanca
branca branca branca branca
            o peito
deu-se conta que começara
realmente a haver um excesso de
palavras entre eles quando um dia
um voltou-se e disse acendendo
um cigarro lentamente: nada tenho
para te dar além da minha
individualidade conturbada
é ridículo?
lua, lua, luar
ou
como diz mário quintana:
"a ruazinha lagarteando ao sol
o coreto de música deserto
aumenta mais o silêncio
nem um cachorro
este poeminho
brotado áspero e quebradiço
é a única coisa do mundo"
você entende que eu seja
um tanto antiquado?
todo dia o sol levanta
e a gente canta ao sol
de todo dia
quando tem gente que se conhece

junta
fica perigoso
e eu tenho medo
acho que vou tentar ler
e tentar dormir
queria
entorpecer um pouco
amanhã — amanhã — amanhã
cheiro de corpo
dormido
amanhecendo de noite
como é mesmo quando uma coisa
que a gente sente
e ultrapassa
ou não
o peito

8

mergulhar com você nessa piscina
azul que vejo da janela, e
nem precisa ser de Amaralina,
numa tarde como esta, de sol assim,
abril a pleno, deitar com você
sob um céu falso de star-fix,
janelas fechadas para as
estrelas brilharem mais, e melhor,
ou qualquer coisa assim,
numa tarde ou noite assim,
como têm sido estas, de abril
a pleno ou só, então, enfim,
olhar a cidade estendida na luz
de fora da janela deste sexto andar
para saber que você está lá agora
em algum lugar, no meio da cidade
e deste abril que nunca foi tão
pleno

9 – POLTRONA VERDE

Aqui sentada, abandonada,
contemplo o mundo imundo,
o tudo e o nada.
        (Ah, sim, eu estou tão cansada...)*

Assim perdida, alucinada
sobre o verde veludo
desta poltrona, apaixonada
por tudo e nada,
navego em sedas, me perco em mares,
eu tão distante do mar da vida,
farta de amores, cheia de bares.

Aqui sentada, incendiada,
contemplo o mundo vagabundo,
o nada e o tudo.
        (Fumar é um prazer...)*

Toda ferida, aqui parada,
quase afogada na lama verde,
veludo mudo, poltrona vida,
única amiga de uma cilada
tão colorida, que me deixou:

Aqui sentada, iluminada,
contemplo o mundo, o mal, o bem,
o tudo, o nada e o mais além.
        (Vou pra não voltar...)*

Letra de Caio Fernando Abreu, sobre ideia de Guilherme de Almeida Prado, imaginariamente composta por Dulce Veiga

---

* Esses versos são citações de outras canções: a primeira, *Vapor barato*, de Macalé e Duda; a segunda, *Fumando espero*, de Dalva de Oliveira; a terceira, *Pra dizer adeus*, de Edu Lobo.

10

como um silêncio teu
no corpo de madrugada
estruturado o espanto
arquitetura da mágoa
na noite — brilho de espera
na espera — manhã fugindo.
eu que desvendei
as searas do cansaço
numa floresta de busca
encontrado involuntário
Amigo
eu que te espero
renovado em espanto
o jeito branco
como um cavalo no escuro.

11

maria clara,

me chama qualquer hora
diz como eu te encontro
me leva daqui
perdoa alguma coisa
é que são tantas coisas
dizem que os morangos são eternos
quem disse
suicidou-se no último carnaval
haveria talvez ao longe
uma escola de samba cantando oh jardineira
quem saberá
o dia ficou cinza
sinto falta de você
a cidade mete medo
o abajur da sala queimou
um perfil de nefertiti
você nunca saberá
você nunca mais telefonará
interrogação interrogação interrogação
interrogation mark
singapura
isso é muita cocaína
quero ir embora daqui
quem sabe eu te encontro
não telefonarei
I promise
Sonhei com você
mas só conto se você ligar
você não ligará
comprei uma garrafa de conhaque

mas não consegui sequer beber demais
também não havia motivo
ou sim
depende do ponto de vista
preciso de você
são três horas da tarde
sexta-feira
vinte e quatro de abril de mil novecentos e oitenta e um
não me queira mal
ex-noiva de reagan processada por estelionato
em são paulo brazil
o que foi que aconteceu
alguma coisa partiu
tenho trinta e dois anos
é difícil compreender
isso
y otras cositas más
nunca senti tanto a sua falta
eu não compreendo
isso
y otras cositas más
você tem vinte e quatro anos
e um metro e cinquenta e dois de altura
eu tenho um metro e oitenta e dois
há vários descompassos
primeiras vezes

ah
primeiras vezes

o primeiro bode de fumo que amarrei
foi no alto da tijuca
faz muito tempo
depois vieram outros bodes

outras drogas
meu terçol no olho direito melhorou
agora estou com um no olho esquerdo
do meu lado tem um pé de guiné
dentro de uma lata de brancol
cola branca para azulejos
são três e pouco da tarde
manda um fonograma
ou qualquer coisa assim
preciso de você
você já não gosta mais de mim
que pena que pena
amanhã é sábado

12

O verde das
folhas dos
plátanos
filtrando a
luz do sol
de maio
nas grandes
alamedas.
Beber
            Paris
Beijar
            Paris
Foder
            Paris

13 – CARTA DISPERSA À BEIRA DE UM NÃO-SER

Amigo,
desdobro-me em formas para te alcançar:
e mesmo nesta, agora, que bem sei, como bem sabes,
tão bem, a não ser a minha fala costumeira.
Tenho vergonha desta nudez aceita e rude,
da irremediável dureza assim calcada
em meu roteiro fixo num só sentido — o toque.
E disto já te disse, e mais direi,
ainda que te rias e não vejas
o silêncio caminhando em lento avanço
através de todas estas formas:
porque não são mais que jeitos,
desajeitados jeitos de dizer o que o dizer impede.
Compreende devagar que não te peço,
apenas digo, amigo: tenho medo.
Há um escuro cavalgando meus pisares,
uma estranha face, de negras asas
e cintilante espada — anjo do nada.
Esse anjo que por três vezes tem-me visitado
(outro dia te mostrei a marca no meu pulso)
— as marcas todas que guardei, e as não-guardadas
pesando como as outras, escondidas:
uma outra visita se prepara

Amigo,
escuta bem porque calar não calo,
porque até o fim me cumprirei no que consome,
escuta bem, te peço claramente:
essas noites de roxo e de procura,
essa sede nas mãos, tão disfarçada,
esse ácido que, bem sei, te esmaga
como a mim próprio dissolve e mata

(não, não há remédio contra sermos sós)
— é tudo tão duro, amigo, amado,
e não compreendem o meu querer calado e pouco:
não mais que isso — um fundo canto
e a mão de qualquer amigo perdida dentro da minha.
(Um anjo negro de desvairadas órbitas
atrás da minha andança compassada: ah
eu te daria tanto, se querer quisesses.)

Amigo,
não, não sei: quero dizer que FICO
embora todas as fugas (minhas e tuas — ah: a derradeira)
todos os desencontros
                incompreensões
                as-sas-si-na-tos
(tanto sangue derramado dentro do meu coração)
embora tudo o que não fui suficiente
para dizer nesta fala que não me pertence
embora tudo o que calaste
e tudo (tanto) o que mataste
— quero dizer que fico, amigo:
a mão aberta
o peito aberto
os olhos abertos
todo meu ser aberto e pronto. E morto.

Amigo,
ouve de lento à guisa de promessa:
elaboro uma praça sem estátuas
para ouvirmos cirandas e cantigas.
E ainda que não saibas, pedra a pedra,
minha alegria modesta e cotidiana,
minha ração de morte e de vileza:
verde a verde, seis canteiros e uma fonte

tudo em praça — eu elaboro(ava)
quando te vejo, e me não vês
quando te toco, e te distrais
(não mais, não mais)
quando te sinto, e me não sentes
e me não sabes
ainda o mesmo de antes — um sulco (amargo)
naquela noite em que te disse tudo e muito
tão erradamente, eu sei — ainda.

Amigo,
não me queiras mal porque te amo
se pensas, porque te amo, que te magoaria.
Ainda é cedo para o tempo de rudeza,
não que sejas fraco, não o és,
mas porque dói saber que um certo tempo
permaneceu em mim como uma seta.

PS: Já se faz noite. Estou sozinho.
Tenho uma dor que mata, a mão vazia:
mas ainda que anoiteça, Fernando,
é certo que amanhece.

14 – ORIENTE

manda-me verbena ou benjoim no próximo crescente
e um retalho roxo de seda alucinante
e mãos de prata ainda (se puderes)
e se puderes mais, manda violetas
(margaridas talvez, caso quiseres

manda-me osíris no próximo crescente
e um olho escancarado de loucura
(um pentagrama, asas transparentes)

manda-me tudo pelo vento:
envolto em nuvens, selado com estrelas
tingido de arco-íris, molhado de infinito
(lacrado de oriente, se encontrares)

15 – ESTALA, CORAÇÃO DE VIDRO PINTADO!

Meu olhar diz tudo.
Mas você não entende essa linguagem.
Meu coração diz tudo.
Mas você não escuta essas palavras.
Digo tudo o tempo todo
em silêncio, digo tudo.
Corro para o mar e grito
"Estala, coração de vidro pintado!"
As rochas ouvem
as gaivotas ouvem
o sal, a areia, os montes ouvem.
Mas você não ouve nada.

16

Por favor
deixa eu ajudar você
a fazer da sua vida
uma espiral de purpurina.
Até o grande centro
dourado
de todas as coisas.

Por favor
ajuda-me a fazer
disso que chamo minha vida
uma espiral de purpurina.
Até o pequeno centro
dourado
da ausência de todas as coisas.

Troquemos amor
como as árvores trocariam seus frutos
com os homens
— se fôssemos decentes.

17 – CAIO

um oceano de lágrimas
sob o asfalto
barco

sem destino próprio
sereno na composição

das palavras
que fascinam
descobrem

um ser no mundo
fruta madura
exposta ao público
sem tempo
de apodrecer

à procura de um lugar
de ser
imediatamente caio

18

Por te querer mais claro
Mais, mais leve, tangível.
Por te querer, apenas?!
Por tudo isso me tornar assim
escuro, remoto, pesado
gerando em mim mesmo
o que não queria em ti
sem compreender agora
a tarde de silêncios
e moscas sobre os cães
da casa a que não pertencemos
nem pertenceremos nunca
e te afundas em porões sem chaves
enquanto busco o sol
e me pergunto então
o que queria, afinal.

19

Faz anos navego o incerto.
Não há roteiros nem portos.
Os mares são de enganos
e o prévio medo dos rochedos
nos prende em falsas calmarias.
As ilhas no horizonte, miragens verdes.
Eu não queria nada além
de olhar estrelas
como quem nada sabe
para trocar palavras, quem sabe um toque
com o surdo camarote ao lado
mas tenho medo do navio fantasma
perdido em pontas sobre o tombadilho
dou face e forma a vultos embaçados.
A lua cheia diminui a cada dia.
Não há resposta.
Queria só um amigo
onde pudesse jogar o coração
como uma âncora.

Este livro foi composto na tipografia Slimbach, no corpo 10/14,
e impresso em papel off-white 90g/m²,
na Markgraph.